Mairowitz • Wilhelm Reich kurz und knapp

WILHELM

REICH KURZ UND KNAPP

Ein Sach-Comic

Von David Zane Mairowitz
Gezeichnet von German Gonzales
Deutsch von Ursula Grützmacher-Tabori

Zweitausendeins

Deutsche Erstausgabe
1. Auflage, Februar 1995.

Titel der englischen Originalausgabe:
»Reich for Beginners«

Lektorat Martin Weinmann.
Lettering Marianne Nuß.
Umschlag German Gonzales.
Herstellung Eberhard Delius, Berlin.
Satz Theuberger, Berlin.
Lithographie Duplex, Berlin.
Druck Wagner, Nördlingen.
Einband G. Lachenmaier, Reutlingen.
Gedruckt auf Repeat Recyclingpapier von Geese, Hamburg.
Printed in Germany.

Dieses Buch gibt es nur bei Zweitausendeins im Versand
(Postfach, D-60381 Frankfurt am Main) oder
in den Zweitausendeins-Läden in Berlin, Essen, Frankfurt, Freiburg,
Hamburg, Köln, München, Nürnberg, Saarbrücken, Stuttgart.

In der Schweiz über buch 2000,
Postfach 89, CH-8910 Affoltern a. A.

ISBN 3-86150-098-1

ORGONON, MAINE
USA
1953
EIN VATER KLÄRT SEINEN SOHN AUF ...
WAS WOLLEN WIR JETZT MACHEN, DADDY?
WIR HEILEN DEN HIMMEL. ALSO, RICHTE DEN CLOUDBUSTER NACH WESTEN UND DREH IHN DANN LANGSAM NACH OSTEN. SUCH DEN HIMMEL AB.
KANN DER HIMMEL KRANK WERDEN, WIE DIE MENSCHEN?
SICHER. DIE **LEBENSENERGIE** STRÖMT DURCH DIE LUFT, GENAU WIE IN DEINEM KÖRPER. IST SIE BLOCKIERT, MUSS MAN SIE LOCKERN, DAMIT SIE WIEDER FLIESSEN KANN. DAS MACHT DER CLOUDBUSTER.
ALSO LOS. ZENIT. UND ZIELEN.

KANN MAN DIE LUFT IN DEN MENSCHEN SAUBERMACHEN?
JA, SCHON ...
DIE MENSCHEN HALTEN IHRE GEFÜHLE ZURÜCK, LASSEN DIE ENERGIE NICHT STRÖMEN, SIE HABEN ANGST DAVOR, SICH WOHLZUFÜHLEN. UND DAS MACHEN SIE AUCH MIT IHREN KINDERN. SIE BLOCKIEREN IHRE NATÜRLICHEN TRIEBE – SO WIE JETZT DIE LUFT AM HIMMEL BLOCKIERT IST –, UND STATT FREI ZU FLOTTIEREN, WIRD DIE ENERGIE EINGESCHLOSSEN. IHR MAGEN VERKRAMPFT SICH, IHR ATEM WIRD KURZ, DIE LIPPEN WERDEN STARR, SIE LEBEN HINTER EINER MASKE. BALD BEGINNEN SIE ZU HASSEN, WEIL SIE SICH FÜRCHTEN, GLÜCKLICH UND FREI ZU SEIN.

Fortsetzung folgt...

Wilhelm Reichs lebenslanger Kampf gegen den Todestrieb beginnt am 24. März 1897 (eigentlich schon etwa vierzig Wochen früher) in Dobrzcynica, einem Teil Galiziens, der zu Österreich-Ungarn gehört. Was sein Privatleben angeht, wird er später eher Stillschweigen bewahren; über seine Jugend ist nicht viel bekannt.

Wien 1919
Vielleicht wehrt sich meine Moral dagegen, aber ich habe mich und andere beobachtet und bin zu dem Schluß gekommen, daß Sexualität der Mittelpunkt ist, um den sich die soziale Existenz und da
Seelenleben des Individ
dreht.
Wien 1919
JA ... DIESE PROFESSOREN MEINEN, SEXUALITÄT FALLE, WENN MAN DREIZEHN WIRD, IRGENDWIE VOM HIMMEL ... IN IHREN MÜNDERN KLINGT SIE UNNATÜRLICH UND PERVERS, WIE EIN DUNKLES, UNBEWUSSTES GEHEIMNIS ...
... bei fast allen.

In Wien gibt es jemanden,
der anders denkt.

Reich besucht erstmals Sigmund Freud und tritt im selben Jahr der Wiener Psychologischen Gesellschaft bei.

1922 Er wird Klinischer Assistent in Freuds Psychoanalytischer Poliklinik.

Reich ist an Freuds Theorien sehr interessiert, besonders an folgenden:

1. Das menschliche Leben wird in hohem Maße vom **UNBEWUSSTEN** beeinflußt, in Träumen, Versprechern usw.

2. Sexualität und Fortpflanzung sind nicht dasselbe. Das erkennt man an der lebhaften Sexualität kleiner Kinder. Wird die kindliche Sexualität unterdrückt, führt das später zur **NEUROSE**.

Reich wird sein Leben lang beeinflußt bleiben von Freuds Gedanken der

3. **LIBIDO**: die Triebenergie des Menschen, die hauptsächlich sexuell ist, obwohl Freud glaubt, daß andere wichtige Triebe mitspielen und **NICHT ALLES** vom **SEX** bestimmt wird. **WR** sieht das anders...

Er folgt einem Leitgedanken...

MESSEN ?
... WIE DIE ELEKTRIZITÄT.
EIN ELEKTRISCHER STROMKREIS WIRD UNTERHALTEN DURCH DEN FLUSS DER LADUNG, DEN KÖNNEN WIR MESSEN, AUCH WENN WIR NICHT GENAU WISSEN, WAS ER IST. WIR KENNEN IHN NUR ALS LICHT ODER BLITZ.
MIT DER ENERGIE DES SEXUALTRIEBS VERHÄLT ES SICH ÄHNLICH.
DAS MAG ALS METAPHER HINGE-HEN, ABER DIE LIBIDO IST NICHT IM KÖRPER, SIE IST NICHTS MATERIELLES.
DAS WERDEN WIR NOCH SEHEN. GEBEN SIE MIR ZEIT.

1927 bittet er Freud um eine Psychoanalyse, aber der lehnt ab. Schade.
Hätte er sie durchgeführt, hätte er auf seiner berühmten Couch ziemlich starken Tobak zu hören bekommen.
...ICH VERGÖTTERTE MEINE MUTTER...

... VATER WAR SEHR STRENG MIT MIR
MUTTER HATTE EIN VERHÄLTNIS MIT MEINEM HAUSLEHRER...
ICH ERZÄHLTE ES VATER
MUTTER BRACHTE SICH UM
AUSSERDEM IST VATER GAR NICHT MEIN RICHTIGER VATER
MUTTER HATTE MIT EINEM UKRAINISCHEN BAUERN GESCHLAFEN
DA BIN ICH SICHER...
...SEHR INTERESSANT.
WOLLEN SIE **DAS** HÖREN, HERR DOKTOR?
WOLLEN SIE **DAS** ERZÄHLEN, HERR DOKTOR?
WOHER WILL ER WISSEN, DASS ICH NICHT ALLES ERFUNDEN HABE? **DAS** IST DER **SCHWACHPUNKT** SEINER METHODE. ER VERLÄSST SICH AUF WORTE. ICH KÖNNTE MIR ALLES MÖGLICHE AUSDENKEN. ES MUSS EINEN BESSEREN WEG GEBEN.

Reichs Zweifel an Freuds Methoden wird ihn in den psychoanalytischen Kreisen Wiens für immer zum Ketzer stempeln.

Früher oder später werden sich die beiden Doktoren endgültig zerstreiten, vor allem deshalb, weil Reich darauf herumreiten wird, daß jede Neurose eine SEXUELLE URSACHE habe.

Aber WR schlägt sich in diesen Tagen mit einem anderen Problem herum ...

Bis dato hat die Psychoanalyse bei männlichen Patienten nur von der erektiven und ejakulativen Potenz Notiz genommen. Sie hält sie für das Fundament sexueller Gesundheit; sie wiederherzustellen, ist ihr Hauptanliegen. Aber Reich ist das nicht genug. Erektion und sogar Ejakulation sind nur Voraussetzungen für das, was er »orgastische Potenz« nennt. Und 1923 entwickelt er seine revolutionäre ...

Mit anderen Worten, alle angestaute sexuelle Energie muß durch den Orgasmus entladen werden, oder Potenz ist nicht erreicht worden. Nicht zur orgastischen Potenz zu gelangen,führt zur NEUROSE:

Das bedeutet ... die meisten Menschen haben eine.

Reichs Kriterien sind sehr schlüssig …

IRGENDWANN MUSS SICH DIE LUST IM GENITAL KONZENTRIEREN. FREUD UND SEINE ANHÄNGER SPRECHEN IMMER VON "SEXUELLER BEFRIEDIGUNG", ABER EIGENTLICH IST DER SCHLÜSSEL ZUR GESUNDHEIT DIE "GENITALE BEFRIEDIGUNG".

WENN SIE ES ÜBERHASTEN, LEBEN SIE IRGENDWELCHE SADISTISCHEN IMPULSE AN IHREM PARTNER AUS. SIE MÜSSEN BEIDE GLEICHWERTIG SEIN …

… ES MUSS HARMONIE ZWISCHEN IHNEN SEIN.

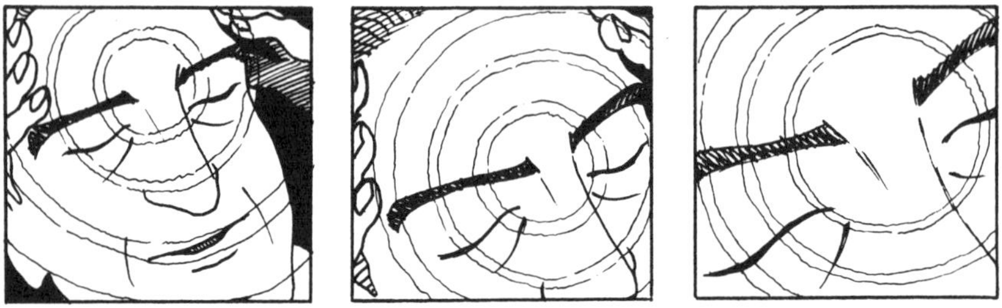

DAS BECKEN ROTIERT JETZT LEICHT UND OHNE ANSTRENGUNG. WÄHREND SICH DIE MUSKELN ZUSAMMENZIEHEN, VERBREITET SICH DIE ERREGUNG IM GANZEN KÖRPER...

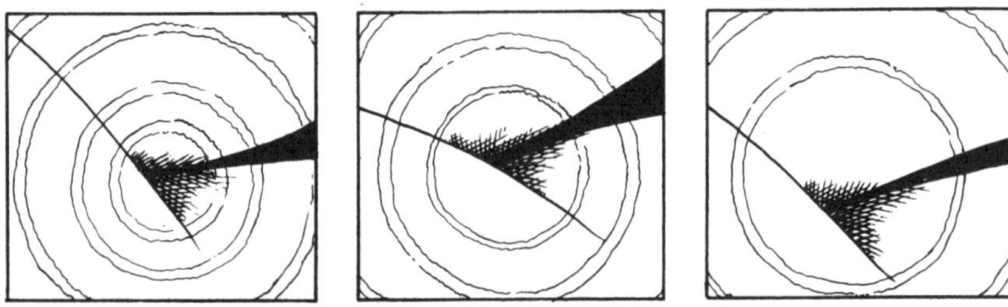

SIE ATMEN TIEF, IHR HERZ SCHLÄGT SCHNELLER...

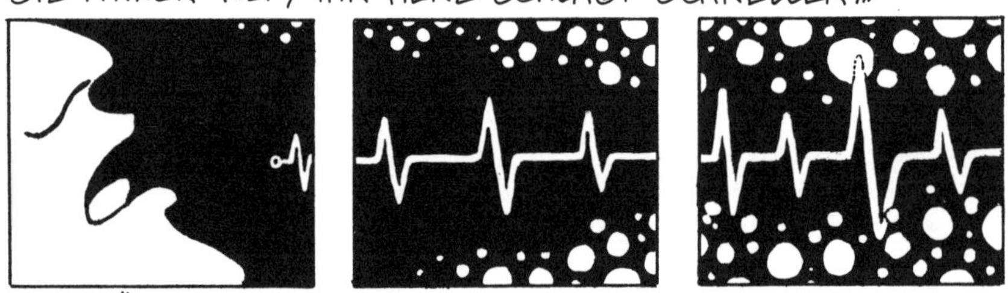

DER KÖRPER SCHWITZT UND BEGINNT ZU ZUCKEN. KURZ VOR DEM ORGASMUS WIRD DAS BEWUSSTSEIN AUSGESCHALTET.

ENERGIE KONZENTRIERT SICH IN DEN GENITALIEN, UND WENN SIE SICH ENTLÄDT, DURCHFLUTET SIE DEN GANZEN KÖRPER...

DIESER TOTALE RÜCKFLUSS DER ERREGUNG IN DEN GANZEN KÖRPER IST DAS, WAS DEN LUSTGEWINN AUSMACHT.
ES STIMMT ... ICH FÜHLE MICH NICHT SO ABGESCHLAFFT WIE SONST.
ES WAR WUNDERBAR ...
NICHT FÜR MICH.
... REICH BEOBACHTET, DASS MENSCHEN WÄHREND DES AKTES VOLL BEI BEWUSSTSEIN BLEIBEN UND KLAREN KOPF BEHALTEN.
ALSO IST NICHT ALLE SEXUALENERGIE IM ORGASMUS ENTLADEN WORDEN. ETWAS BLEIBT ZURÜCK. DAS NENNT ER " SEXUALSTAU ".
DIESE NICHT VERBRAUCHTE ENERGIE SPEIST DAS NEUROTISCHE SYMPTOM DES PATIENTEN.

So scheint es denn, daß die orgastische IMPOTENZ nicht eine Folge der Neurose ist – wie die meisten PsychoanalytikerInnen glauben, sondern ihre URSACHE. Das heißt, der Mensch wird krank, weil er zu keinem befriedigenden Orgasmus kommt. Nur eine totale Entladung der sexuellen Energie kann zu mentaler Gesundheit führen.

Reich erkennt, daß das, was Freud als Ursache der Neurosen ansah, in Wirklichkeit ihr INHALT ist. Die von Freud entdeckten kindlichen Phantasien wie der Ödipuskomplex werden in den Geschlechtsakt eingebracht und verhindern einen ungehemmten Koitus. Männer mit Gewaltphantasien während des Aktes haben sadistische Tendenzen, die aus der Kindheit stammen.

Diese kindlichen Fixierungen sind zu beseitigen – am besten durch Psychoanalyse –, damit die genitale Gesundheit wiederhergestellt werden kann.

Ein richtiger Orgasmus soll frei und unwillkürlich sein (nicht versuchen, einen zu kriegen), genital, von gewisser Dauer und ... unbedingt HETEROSEXUELL.

KRITIK Nr. 1

W.R. IST GENITAL BESESSEN

Reich glaubt an einen Orgasmus, den die meisten Menschen nie erleben. Außerdem unterscheidet er nicht zwischen männlicher und weiblicher Sexualität, eine Unterscheidung, die oft erbringt, daß sexuelle Lust nicht unbedingt genital sein muß. Beispielsweise kann auch klitorale Stimulation zur Befriedigung führen, wobei ein männlicher Partner nicht einmal nötig ist. Was er zur männlichen Homosexualität zuweilen geäußert hat, muß einem, zumal bei einem Mann seiner Sensibilität, anmuten, als stamme es aus grauer Vorzeit. Wie die meisten Analytiker/Innen seiner Zeit betrachtet er sie als Abweichung, die geheilt werden sollte, auch wenn er selbst mit derlei "Heilung" nichts zu tun haben will. Er soll nie einen homosexuellen Patienten angenommen haben, und, einmal darum gebeten, soll er gesagt haben:

"Mit solchen Schweinereien will ich nichts zu tun haben."

Was ist die Bedeutung der
ORGASMUSTHEORIE?
Sie ist revolutionär.

Der Orgasmus soll nicht mehr bloße biologische Funktion zum Zwecke der Fortpflanzung sein noch eine vergnügliche Begleiterscheinung ...

ER IST DER
ABSOLUTE HÖHEPUNKT
MENSCHLICHEN ERLEBENS
UND BESTIMMT LETZTLICH DAS
GLÜCK DER MENSCHLICHEN SPEZIES.

Reich beschreibt all dies in seinem Buch
DIE FUNKTION DES ORGASMUS
und am 6. Mai 1926 widmet er Freud ein Exemplar ...

Dies ist nicht der erste Zusammenstoß mit dem alten Mann und auch nicht der letzte. Reich wird nämlich die Theorie des Meisters in Frage stellen und sich mehr denn je in seinen eigenen großen Beitrag zur psychoanalytischen Theorie vertiefen: die CHARAKTERANALYSE.

CHARAKTERANALYSE

Reich bemerkt, daß viele Patientinnen und Patienten sich gegen die Analyse »wehren«. Einige weigern sich schlicht, Privates zu offenbaren, andere sind ganz beflissen dabei, manchmal geradezu mit Begeisterung.

Reich vergleicht das Unbewußte mit Erdschichten. Jede Schicht bildet sich in einer anderen »Ära« der Biographie des Menschen. Die Psychoanalyse solle wie die Geologie vorgehen, zunächst durch die Oberfläche stechen, um dann zu den Tiefen vorzudringen.

Freud und seine Anhänger neigen ganz allgemein dazu, sich mit der tieferen Bedeutung zu befassen, ohne zunächst die Oberfläche zu untersuchen.

Reich referiert über die »Widerstandsanalyse«

Aber trotz des Widerstands des alten Mannes gegen seine Analyse schaut WR nicht mehr zurück.

Stammt ein neurotisches Symptom aus einem bestimmten Problem oder Wunsch in der Vergangenheit des Patienten (wie Freud schloß), dann ist die Charakterneurose die Folge seiner Lebensgeschichte.

Reich glaubt nunmehr, daß der

CHARAKTER SELBST EINE KRANKHEIT IST.

WAS SOLL DAS BEDEUTEN?

IST CHARAKTER NICHT WAS GUTES?

WENN MAN VON JEMANDEM MIT "CHARAKTER" SPRICHT... MEINT MAN DOCH, ER SEI FASZINIEREND!

Reich beobachtet, wie seine Patienten während der Analyse gehen, stehen, sitzen, sich verhalten; lauscht mehr ihrer Stimme als dem, was sie sagen...

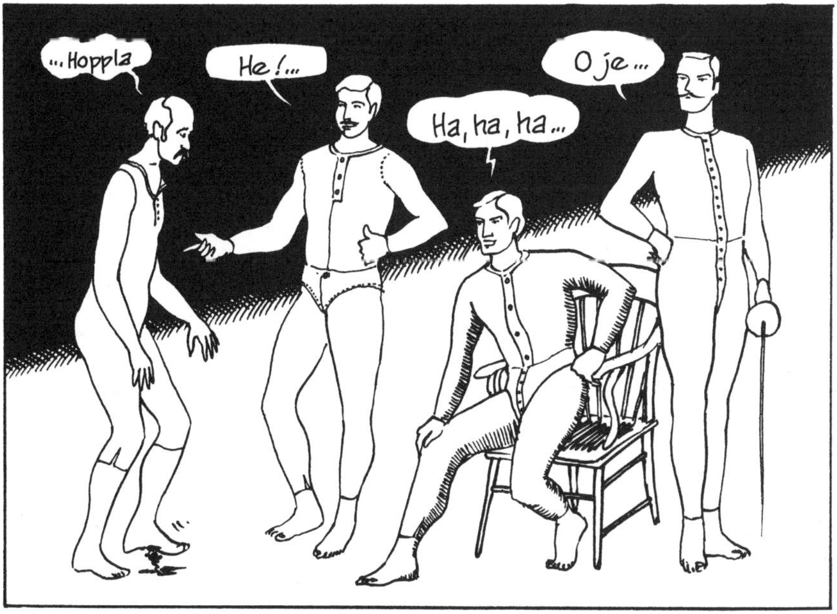

Er schließt daraus, daß die Menschen eine Art von PANZER formen, um sich nicht nur vor den Hieben der Außenwelt, sondern auch vor ihren eigenen Wünschen und Trieben zu schützen. Fast jeder Mensch wünscht sich etwas, macht sich aber sogleich auf den Weg, es NICHT zu kriegen! Reich sieht, wie dieser Prozeß im Körper vor sich geht. Über Jahre hinweg bildet der Mensch seinen

CHARAKTERPANZER

durch typische körperliche Verhaltensmuster.

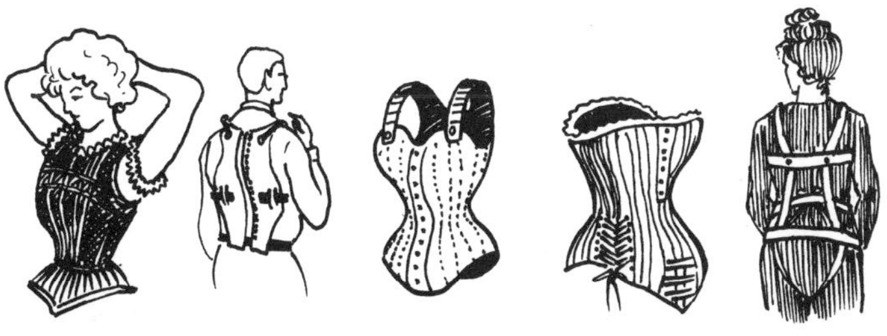

Etwa um diese Zeit behandelt Reich einen Patienten, der fast immer ironisch lächelt:

Reich versucht, dem Patienten einen bestimmten Charakterzug zu verdeutlichen und dessen Bedeutung zu analysieren. Er konfrontiert ihn so lange damit, bis der ihn als eine Krankheit akzeptiert, die er loswerden will.

WER HAT DENN NUN EINEN CHARAKTERPANZER?

Bis zu einem gewissen Grad jeder, obwohl manche Menschen stärker gepanzert sind als andere.

Während er Charakteranalyse praktiziert, entdeckt Reich noch was anderes.

Er nimmt allmählich eine aktivere Rolle in der Analyse ein, interveniert, widerspricht dem Patienten und bringt sich selbst emotional ein...

In der Charakteranalyse kommt es manchmal zu heftigen Ausbrüchen...

Aber trotz Freuds Ablehnung ist die Charakteranalyse der einzige Teil von Reichs Arbeit, der von der psychoanalytischen Bewegung akzeptiert wird. Die Orgasmustheorie wird abgetan, auch wenn für Reich das ZIEL der Charakteranalyse die orgastische Potenz ist. Reich fragt sich, wo die nicht verbrauchte Energie eines unbefriedigenden Orgasmus bleibt ...

Reich erkennt, daß die Charakterpanzerung keine NORMALE menschliche Entwicklung ist. Überließe man die Menschen ihren positiven Trieben, würden die meisten zu

GENITALEN CHARAKTEREN

mit voll entwickelter und freier orgastischer Potenz werden.

Aber irgend etwas läuft von Anfang an schief...

WAS FÜR EINE ART LEBEN IST DAS EIGENTLICH?

Ein Kind wird aus einem warmen Uterus (37 °C) entlassen, macht einen plötzlichen Temperaturabfall durch und ist grellem Licht ausgesetzt.

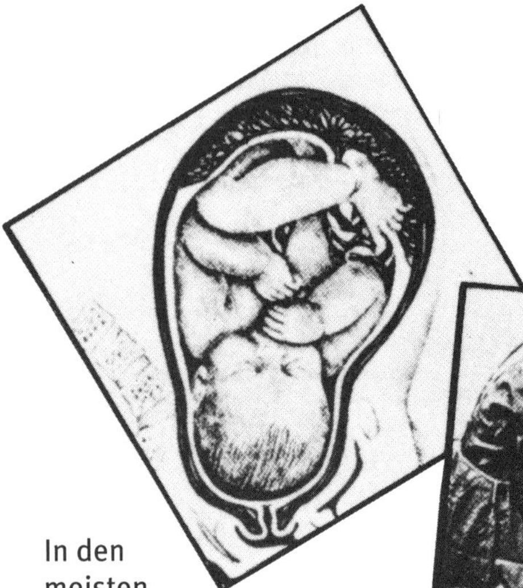

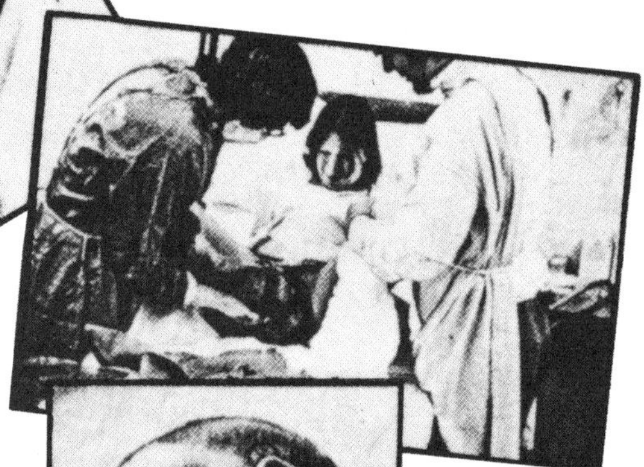

In den meisten patriarchalischen, schulmedizinisch orientierten Kliniken wird das Kind der Mutter sofort weggenommen, oft mit dem bekannten Klaps auf den Po,

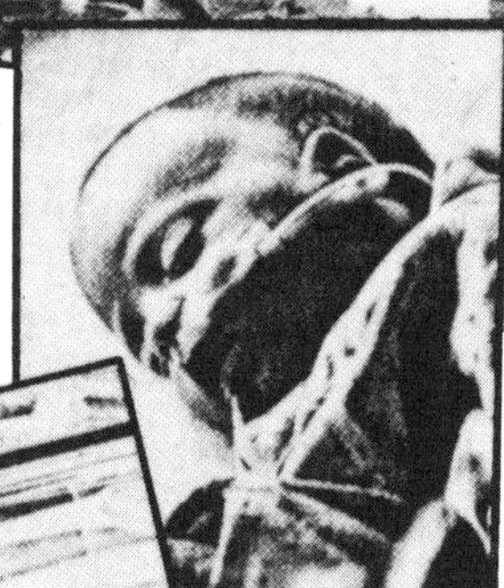

manchmal mit Schläuchen verbunden und reglementiert, um den Klinikalltag nicht zu behindern.

Vom ersten Moment an baut sich im Kind ein Groll gegen die Welt auf.

Später, als Reich sich politisch engagiert, wird er sich fragen, wie oft ein Kind schon vor seiner Geburt gehaßt wird.

Aber die Tortur beginnt erst. Sogleich werden Hindernisse auf dem Weg zur orgastischen Potenz von einer sozialen Institution aufgebaut, die Reich zu seinem lebenslangen Feind machen wird: **der**

FAMILIE

Reich unterscheidet **DREI PHASEN**, in der die Familie ihre Kinder zu gepanzerten Charakteren macht.

Kindheit

Sexuelle Hemmung bei Kindern führt zu psychischer Hemmung, zum Mangel an eigenen Gedanken und Handlungen. Das Kind bildet dann eine totale Elternfixierung und Abhängigkeit von ihnen aus. Die meisten Neurosen entwickeln sich in der ...

ZWEITE PHASE
PUBERTÄT
...ERST WENN DU VERHEIRATET BIST.
ER BE-NIMMT SICH SEHR SELTSAM IN LETZTER ZEIT, HERR DOKTOR.
GANZ NORMAL.
SEINE SEXUALDRÜSEN SONDERN HORMONE AB, DIE SEIN VERHALTEN BEEINTRÄCHTIGEN.
ER WIRD DARÜBER WEG-KOMMEN.
WENN ER VERHEIRATET IST.

REICH SIEHT DAS ANDERS.
DAS PROBLEM DER PUBERTÄT IST EIN GESELLSCHAFTLICHES, KEIN BIOLOGISCHES.
JUGENDLICHE WERDEN ZUM GEHORSAM ERZOGEN, UM SIE IN DIE **ZWANGSEHE** ZU TREIBEN.
!
GEHEIRATET WIRD NUR **EIN-MAL**. VERGISS DAS NICHT, ES IST FÜR'S GANZE LEBEN!
Im Alter von dreizehn, manchmal sogar früher, ist der junge Mensch bereit zur Liebe. Je früher er sie ausübt, desto weniger wird er den Humbug mit dem einzigen Lebenspartner mitmachen.
SCHLIESSLICH TRÄGST DU JA AUCH NICHT DAS GANZE JAHR DIESELBEN KLEIDER, ODER?

Wurde das sexuelle Glück der Jugend unterdrückt, was folgerichtig in die Neurose führte, mündeten diese Probleme in der...

Voreheliche Enthaltsamkeit statt Vorbereitung auf eine glückliche Ehe führt oft zu weiteren sexuellen Problemen. Sexuelle Bedürfnisse können von einem einzigen Partner nur begrenzte Zeit erfüllt werden. Zwangsmonogamie nährt die verbleibenden Neurosen und führt zu einem Zusammenbruch der Ehe. Warum muß das so sein?

Reich wird mit seinen politischen Ansichten in den Kreisen der Psychoanalyse immer wieder anecken. Kurz nach dem 1. Weltkrieg standen sich zwei so fortschrittliche Bewegungen wie der Marxismus und die Psychoanalyse lange nicht so unversöhnlich gegenüber wie später. Reich ist von beiden angezogen und will versuchen,
sie zusammenzuführen.

In den zwanziger Jahren, als sich Reich politisch stärker engagiert, wird die psychoanalytische Bewegung gesellschaftlich anerkannt und konservativ. Reich sieht, daß sie nur den Reichen und Privilegierten dient, und fragt sich, was mit den anderen ist ...

Dann, 1927, bei einer Arbeiterdemonstration in Wien ...

Am gleichen Tag tritt Reich der Österreichischen Kommunistischen Partei bei. Er war schon Mitglied der Sozialistischen Partei gewesen, erkannte aber, daß sie sich an die Bourgeoisie verkaufte.
Er beginnt Marx und Engels zu lesen und gerät unter ihren Einfluß.

Er untersucht das »sexuelle Elend der Massen« und entdeckt, daß es keine Aufklärung zur Empfängnisverhütung gibt, daß illegale Abtreibungen unter unhygienischen Umständen an der Tagesordnung sind, daß Kinder unter den unglücklichen Zwangsehen ihrer Eltern leiden. Außerdem – ein Thema, auf das er häufig zurückkommt – Jugendliche, die zusammen schlafen wollen, wissen nicht, wo sie bleiben sollen.

1928 gründen Reich und seine Kollegen die Sozialistische Gesellschaft für Sexualberatung und Sexualforschung.
Im folgenden Jahr gründen sie in Wien die ersten Sexualberatungskliniken für Arbeiter und Angestellte.

Manche Fragen verblüffen Reich.

DES RÄTSELS LÖSUNG FINDET ER IN DEN SCHRIFTEN VON ENGELS.

Reich findet auch für das Phänomen der Zwangsmonogamie eine soziale Erklärung, als er, wie Engels, das Werk von Lewis H. Morgan, einem viktorianischen Anthropologen, liest. Morgan glaubt, daß primitive Gesellschaften auf dem Prinzip der Gemeinschaftsehe beruhen. Die patriarchalische Familie mit Papa als zentraler Autoritätsfigur sei erst mit Herausbildung des Privateigentums entstanden.

Reich beginnt in der Struktur der typischen Familie das Modell für die autoritäre Gesellschaft zu sehen ...

Der große Showdown, in dem er seiner eigenen Vaterfigur, dem Dr. Freud, gegenübertritt, rückt unaufhaltsam näher.

Zum einen verwirft Reichs neue Kritik die Idee der psychoanalytischen »Neutralität«. Der Analytiker soll gegen die sexuelle Unterdrückung durch die Gesellschaft Partei ergreifen.

Wichtiger: Er soll PRÄVENTION von Neurosen auf MASSENEBENE betreiben, statt Individuen zu heilen. Kurz, er soll sich POLITISIEREN.

Worum geht es bei diesem neuen Streitpunkt?

Um die Frage von LEBEN und TOD.

1929 schreibt Freud DAS UNBEHAGEN IN DER KULTUR, worin er die Position vertritt, Triebunterdrückung sei für die Gesellschaft NOTWENDIG, weil sie anders weder Bestand haben noch sich entwickeln könne.

Überschießende Sexualenergie solle auf höhere Ziele im Dienste der Gesellschaft umgebogen werden.

Freud hatte schon früher den Gedanken entwickelt, Triebenergie sei ein mehr oder weniger freies Agens elementarer unbewußter Wünsche, das er das LUSTPRINZIP nannte. Dies beginnt ihn jetzt zu beunruhigen.

Der alte Mann hat also RECHT ... die Gesellschaft BRAUCHT die Unterdrückung natürlicher Impulse. Aber nicht, wie Freud glaubt, um zu einer gesunden Gesellschaft heranzureifen. Ganz im Gegenteil: um den Menschen gefügig und autoritätshörig zu machen.

Woher nimmt Freud diese negative Ansicht?
Er hat die Greueltaten des Weltkriegs gesehen und glaubt, Sadismus und Gewalt seien natürliche Triebe.
In DIE ZUKUNFT EINER ILLUSION behauptet er gar, das Ziel des LEBENS sei der TOD; außerdem ...

Jetzt gleitet der alte Mann tatsächlich in gefährliche Metaphysik ab. Reich wird später sagen, Freud sei durch seine unglückliche Ehe »genital unbefriedigt« gewesen und außerdem habe der Konservatismus der psychoanalytischen Bewegung ihn, als er älter geworden sei, gezwungen, die ursprüngliche Libidotheorie zu verwerfen.

Von welch dunklen Motiven eine solche Haltung auch immer genährt sein mag, Freud entwickelt jedenfalls seine Theorie des **TODESTRIEBS**.

Er stellt sich vor, das Nervensystem wolle Empfindungen beseitigen, um in Ruhe zu bleiben. Kurz, der Mensch wünsche sich etwas, damit er aufhören kann, es zu wollen – ungefähr so wie man sich kratzt, weil es einen juckt. Ins Extreme weitergedacht: Der beste Weg, seine Gefühle loszuwerden, bestehe darin, die Mühsal des Irdischen ganz abzuschütteln. Indem er frühere Erfahrungen wiederhole, trachte der Mensch danach, in einen Zustand der Nichtexistenz oder des Todes zurückzukehren.

DAS LEBEN WIRD ZUM STÄNDIGEN KAMPF ZWISCHEN **EROS** (Liebe oder Lebenskraft) UND **THANATOS** (Tod).

Hätte er in unserer atompilzüberschatteten Zeit mit ihren Todeshändlern gelebt, die so sehr vom kollektiven Todeswunsch gezeichnet zu sein scheint, **FREUD** hätte sich zweifellos bestätigt gefühlt.

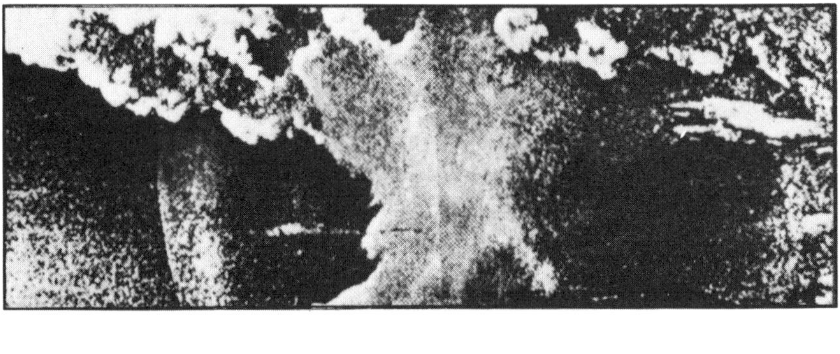

Reich ist das Produkt einer positiveren Tradition. Ähnlich wie Jean-Jacques Rousseau glaubt er, wir würden unschuldig geboren und erst später von der Gesellschaft korrumpiert.

1932 erklärt er dem Todestrieb den Krieg. Der Mensch sei nicht, wie der alte Mann zu glauben scheint, pervers und irrational geboren. Er werde erst so, wenn ihm BEFRIEDIGUNG versagt sei.

Selbst Masochisten trachteten wie jeder Mensch nach Lust, aber die Furcht vor Strafe verbaue ihnen die Chance, zur Befriedigung zu kommen, und zwinge sie, sich irrational zu verhalten.

Aggression und Sadismus entsprängen einer mangelhaften SEXUAL-ÖKONOMIE. So wie die Gesundheit und Vitalität eines Landes davon abhängt, daß es ökonomisch mit seinen Ressourcen umgeht, so sei auch die körperliche Gesundheit des Individuums durch die Menge der im Orgasmus freigesetzten Sexualenergie bestimmt.

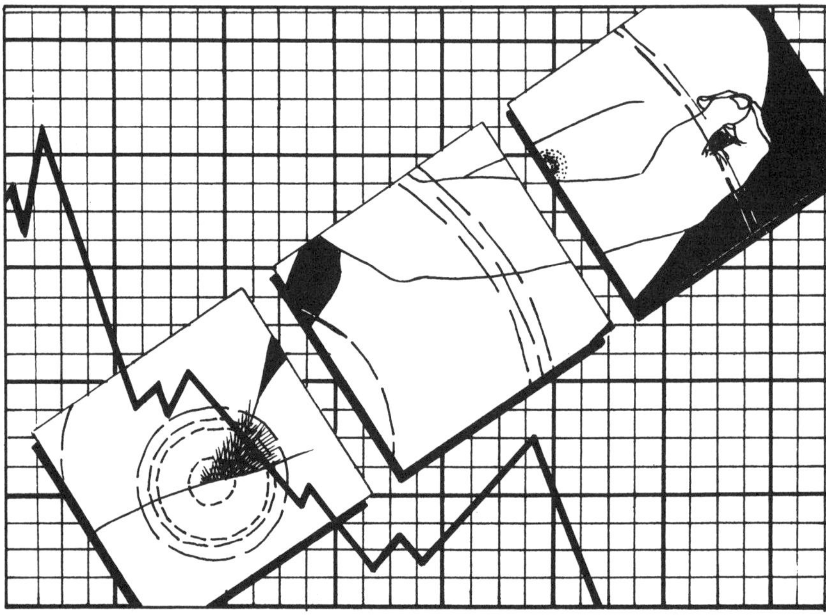

Werden die Ressourcen des Körpers nicht richtig genutzt, verbleibe die Energie im Körper und führe zu DEPRESSION, REZESSION, ÖKONOMISCHEM ZUSAMMENBRUCH und abweichendem Verhalten.

Nicht nur das. Für Reich, würde er den Todestrieb akzeptieren, hieße das, seine politischen Überzeugungen über Bord werfen zu müssen. Für Freud:

Er ist voller Hoffnung. Warum auch nicht? Die Sozialgesetzgebung der Sowjets gleich nach der Revolution war sehr progressiv. Im Dezember 1917 erließ Lenin zwei Dekrete über die Ehe, die den Frauen das Recht gab, über ihr sexuelles und wirtschaftliches Leben selbst zu bestimmen, zu entscheiden, welchen Namen sie tragen, wo sie leben wollten usw. Zumindest auf dem Papier war dies der Anfang vom Ende der männlichen Vorherrschaft.

Für eine Scheidung reicht das Einverständnis der Partner. Ohne Angabe eines Grundes. Ganz einfach.

Die Sowjetbehörden versuchen, der Engelmacherei das Wasser abzugraben, indem sie die Möglichkeiten ausbauen, Abtreibungen in staatlichen Einrichtungen machen zu lassen. Sie durch Propaganda für Verhütungsmittel ganz überflüssig zu machen, ist noch wichtiger. Kampagnen zur Schwangerschaftsverhütung erreichen in Spezialzügen, vollgepackt mit Aufklärungsbroschüren und Hilfsmitteln, selbst die Provinzen.

Kindertagesstätten erleichtern den Frauen bald nach der Geburt die Last. Werktätige Frauen bekommen während Schwangerschaft und Stillzeit Unterhalt.

Alte zaristische Gesetze gegen Homosexualität werden abgeschafft.

Eine mobile Schule. In entlegene Gegenden kommt die Schule mit dem Eisenbahnzug.
Photo vom Anfang der zwanziger Jahre

Am wichtigsten für Reich ist die neue Einstellung zur Kindererziehung. Die Kommune, träumt er, soll die autoritär-patriarchalische Familie ersetzen. In den ersten Jahren der Revolution haben Kinder, ohne Strafe fürchten zu müssen, das Recht, ihre Eltern offen zu kritisieren ...

Agit-Prop-Zug

Reich besucht einen progressiven Kindergarten...

Aber nicht so schnell, Herr Doktor, wir schreiben schließlich das Jahr 1929.

Dieser Mann ist an der Macht ☞ und mit ihm sein Charakterpanzer. Die ganzen Errungenschaften der vergangenen zehn Jahre werden umgestoßen.

In den Kommunen der jungen Leute nehmen die Dinge eine Wendung zum Schlechten.

Später, im Jahre 1934, wird Reich von Massenverhaftungen Homosexueller in den größeren russischen Städten erfahren, und im selben Jahr wird ein Gesetz erlassen, das sexuelle Beziehungen zwischen Männern verbietet.

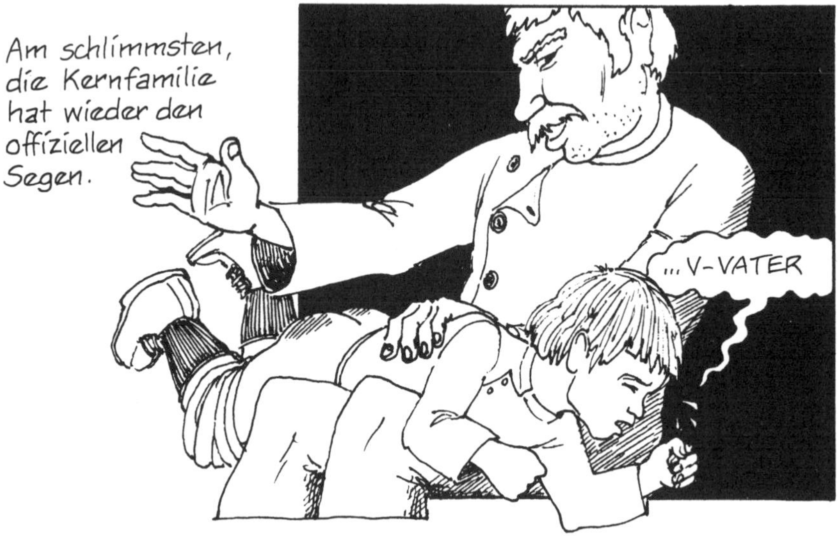

Und doch wäre es falsch, diese reaktionären Entwicklungen den neuen politischen Veränderungen in der Sowjetunion anzulasten. Reich erkennt schnell, daß es schon seit Beginn der Revolution Probleme gegeben hat.

Die Sowjetführer (bis zu einem gewissen Grad auch Lenin) sind, ähnlich wie Dr. Freud, der Auffassung, daß Sexualität mit Kultur, die hier KLASSENKAMPF bedeutet, unvereinbar sei.

Andere scheinen anzunehmen, daß mit der ökonomischen Basis der Gesellschaft sich auch die Beziehungen zwischen den Menschen von selbst ändern. Reich weiß es besser.

Die Bürokraten sind nicht die einzigen, denen er nicht traut.

Über Sexualität politisch bestimmen und Entscheidungen treffen dürfen nur die Arbeiter und Bauern selbst, die Elemente des revolutionären Prozesses. Besonders das sexuelle Glück der Jugend ist zu wichtig, um es alten Männern zu überlassen ...

Man vergleiche nur, wie alt die ersten Revolutionsführer waren und wie vergreist das spätere Politbüro (Durchschnittsalter 70) gewesen ist. Das sagt viel über die Entwicklung der sowjetischen »Revolution« ...

Reich verläßt die Sowjetunion mit einer Reihe von Vorschlägen, später aufgeschrieben in seinem Buch ...

DIE SEXUELLE REVOLUTION

1. Verbot von Literatur, Filmen etc., die sexuelle Ängste hervorrufen.
2. Herstellung von Verhütungsmitteln mit derselben Sorgfalt, die man Maschinen angedeihen läßt. Unbedingt den Gewinnlern aus der Hand nehmen.
3. Zur Verhinderung von Abtreibungen Schwerpunkt auf Verhütungsmittel legen.
4. Bau von Notjugendheimen, wo die jungen Leute einen Raum für sich haben und ihre Sexualität leben können.
5. Aufnahme von Frauen in Heer und Marine, dann wird Homosexualität beim Militär kein Delikt mehr sein!

Darüber hinaus bringt er eine Idee mit, die ihn sein ganzes Leben beschäftigen wird: GESETZLICHER SCHUTZ FÜR KINDLICHE UND JUGENDLICHE SEXUALITÄT.

Die bittere sowjetische Erfahrung veranlaßt ihn zu schreiben:

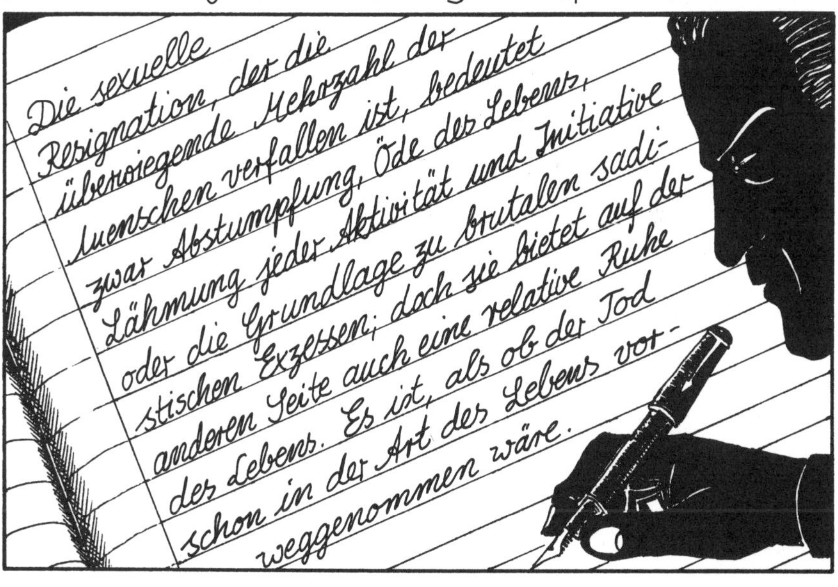

Die Menschen werden sich so lange dem Leben entziehen und zu einer Herde von Schafen erzogen, wie autoritäre Regierungen in ihnen LUSTANGST erzeugen. Diesen Gedanken wird er sehr bald, in Deutschland, auf schreckliche Weise wahr werden sehen ...

Doch ist er nicht ohne Hoffnung. Er kann für etwas kämpfen. Aber in der reaktionär gewordenen Sowjetunion oder in den sterilen Diskussionen der engen psychoanalytischen Zirkel Wiens ist das nicht möglich. 1930 gibt es für einen Mann seiner Visionen nur einen Ort, wo er Fuß fassen kann.

Er steuert geradewegs auf das Zentrum zu, wo in jenen Tagen der Puls Europas schlug: BERLIN.

Berlin ist nicht nur blühendes Zentrum von Kultur und neuen Ideen, es ist progressiver als Wien. 1919, nach dem Zusammenbruch der Monarchie und der Errichtung einer Republik, gibt es dort massive Straßendemonstrationen.

Die spartakistischen Revolutionsführer Rosa Luxemburg und Karl Liebknecht werden von reaktionären Soldaten brutal ermordet. In ganz Deutschland gibt es revolutionäre Nester. In München wird die Räterepublik ausgerufen.

Schließlich rufen die regierenden Sozialdemokraten ihre ultrarechten Gefolgsleute zu Hilfe und bereiten der deutschen Revolution ein blutiges Ende ...

G. Grosz, Prost Noske! Die junge Revolution ist tot!

Den Sozialdemokraten gelingt es trotz galoppierender Inflation, während der zwanziger Jahre ihre Machtposition zu halten. Aber ihnen wird von links, von der Kommunistischen Partei, und von rechts, von den Nationalsozialisten, stark zugesetzt. 1930 sind die Kommunisten immerhin so stark, daß sie Millionen von Arbeiterstimmen anziehen können. Es ist die zweitgrößte kommunistische Partei Europas, und sie verspricht die erste zu werden, die Erfolg haben wird.

Wahlplakat der Nazis ↓ ↑ Anti-KPD-Karikatur der Sozialdemokraten (1925)

Schließlich gerät die Sowjetunion immer mehr in die Isolation und braucht Unterstützung. Wichtiger, viele sehen in der KPD die einzige Kraft, die diesen Kerl aufhalten kann:

Es ist der ideale Ort für WR, hier kann er sich freischwimmen. Weit ab von Freud, kann er versuchen, Psychoanalyse und Politik zusammenzubringen. Selbst die Berliner Ärzte und Psychiater sind im großen ganzen politischer als die in Wien. Darüber hinaus scheinen sie ein offenes Ohr für WRs Orgasmustheorie zu haben.

Unser Mann verliert keine Minute. Mit Einverständnis der KPD gründet er eine weitere dieser langnamigen, aber sehr kompetenten Institutionen. Sie nennt sich DEUTSCHER REICHSVERBAND FÜR PROLETARISCHE SEXUALPOLITIK und zählt bald 20 000 Mitglieder.

1931 ruft er den berühmten VERLAG FÜR SEXUALPOLITIK (SexPol) ins Leben, in dem sowohl praktische als auch theoretische sexualpolitische Kampfschriften veröffentlicht werden.

Er versucht, seine zwei Arbeitsgebiete, Psychoanalyse und Marxismus, miteinander zu verschmelzen. Das ist nicht leicht, denn die Wortführer sind voller Mißtrauen für die andere Seite und giften sich nur an. Aber er versucht es.

Marx zufolge unternimmt die herrschende Klasse unablässig Anstrengungen, ihre eigene Ideologie zur Ideologie aller zu machen. Ihre Mittel dabei seien Propaganda, Erziehung und Kontrolle der Informationskanäle. Reich führt das weiter:

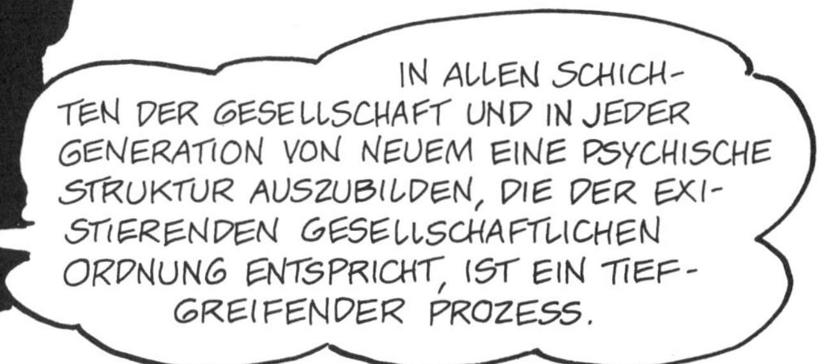

Was meint er damit? Im wesentlichen werden nicht nur Gedanken, sondern auch Gefühle durch soziale Faktoren bestimmt. Marx glaubt, daß der Kapitalismus beispielsweise unsere Gedanken bestimmen kann. Dem fügt Reich das Unbewußte hinzu. Die herrschende Ideologie könne sogar in unsere Impulse und Träume eindringen ... Vorsicht!

Aber Reichs Parteiarbeit ist nicht nur theoretisch.

Der Erfolg der improvisierten täglichen Parteiarbeit bedeutet ihm viel.

Vor der KPD-Zentrale in Berlin

Reich sieht, wie die Faschisten Massen der Arbeiterklasse für sich gewinnen.

Er legt der Partei eine Reihe von Vorschlägen vor:

☆ Die Massen weder manipulieren noch verblenden, sie müssen konkret und direkt angesprochen werden.

☆ Von den Menschen nicht mehr verlangen, als sie leisten können.
Langsam aber stetig arbeiten.

☆ Alle Aspekte des Alltags politisieren (Tanzboden, Kino, Krämerladen, Schlafzimmer, Kneipe, beim Buchmacher).
Das ist das Kräftereservoir der Revolution.

☆ Keine öden Flugblätter, bitte!

☆ Keine Helden. Keine Märtyrer! Sparen wir unsere Kräfte!

☆ Nicht vergessen, auch Polizisten sind Werktätige.

☆ Freizeit für Parteifunktionäre.

☆ Nicht vor Autoritäten ducken. Sich den Polyp einfach in Unterhosen vorstellen!

ABER DAS WICHTIGSTE POLITISCHE ZIEL IST DIE BEFREIUNG DER SEXUALITÄT UND DAS STREBEN NACH GLÜCK.
DAS IST KEINE PARTEIANGELEGENHEIT, DAS IST PRIVATLEBEN.

WENN EIN PARTEIMITGLIED EIN SEXUELLES PROBLEM HAT, WIRD ES DARAN DENKEN, NICHT AN PARTEIARBEIT.

Als Reich 1930 nach Deutschland kommt, findet er etwa 80 verschiedene sexualpolitische Gruppen vor und ungefähr gleich viele Geburtskontrollzentren. Nicht selten treiben dort auch Geschäftemacher ihr Unwesen, die mit Verhütungsmitteln handeln.

Er möchte sie alle in seiner Sex-Pol-Organisation, unter der Schirmherrschaft der KPD, zusammenfassen. Was sind ihre Forderungen?

1. Bessere Wohnbedingungen für die Massen.
2. Aufhebung von Gesetzen gegen Abtreibung und Homosexualität.
3. Änderung von Ehe- und Scheidungsgesetzen.
4. Kostenlose Geburtskontrollberatungen und Verhütungsmittel.
5. Gesundheitsschutz für Mütter und Kinder.
6. Kindertagesstätten in Fabriken und an Arbeitsplätzen.
7. Aufhebung von Gesetzen, die Sexualerziehung verbieten.
8. Heimurlaub für Häftlinge.

Was passiert eigentlich in diesen sexualpolitischen Zentren?

Für Reich hängt das von den Problemen ab, mit denen die Leute zu ihm kommen. Vor allem will er Probleme der bürgerlichen Moral bei Werktätigen bekämpfen.

Reich empfindet den Puritanismus der Partei als Affront für viele Frauen, die, hätten sie das Geld, sich gern schön machen würden. Die gesunde Eitelkeit des Menschen wird geleugnet.

In der Kinderfrage versteht er keinen Spaß.

- Der Kampf gegen zwanghafte Reinlichkeit und das Auf-den-Topf-Setzen.
- Eltern, die ihre Kinder auf der Straße schlagen, sollten daran gehindert werden.
- Kein Eingreifen bei kindlicher Sexualität oder Masturbation.

Es stört Reich auch, daß kleine Kinder durch Kriegsspiele und Kriegsspielzeug Hitler in die Arme getrieben werden.

Es hat etwas, es gibt eine Art Befriedigung und stärkt das Selbstbewußtsein, wenn man eine Waffe hält, im Takt marschiert.

Es ist reaktionär und schlimm, aber versuchen wir es zu verstehen – und zwar schnell.

KRITIK Nr. 2

Eine von Reichs Ehefrauen, Ilse Ollendorff, berichtet, Reich habe immer bei seinen Kindern mit großer Strenge auf gutes Betragen und anständige Tischmanieren in der Öffentlichkeit geachtet und sei sehr ärgerlich geworden, wenn sie sich danebenbenahmen. Das Verhältnis zu seinen Töchtern war allem Anschein nach gespannt.

Sein Sohn Peter, der für die U.S.-Militärmaschinerie gegen das Volk von Indochina kämpfte, und in dessen Kindheitserinnerungen Schießeisen eine große Rolle spielen (auch WR mochte das Gefühl, eine Waffe in der Hand zu haben), schrieb:

"Leider hat er (Reich) mir eine Beziehung zu militärischem Gehorsam vermittelt, die zwar mit seiner Vaterrolle... aber nicht mit seiner Weltanschauung in Einklang stand."

Reichs Hauptinteresse gilt den Jugendlichen.

Sie brauchen Räume, in denen sie sich lieben können. Wer könnte da helfen? Die Kommunistische Partei natürlich. Aber die Partei tut sich schwer damit, die Jugend anzusprechen ...

Hitler macht das viel besser. Wieso?
Ist der Faschismus nicht streng autoritär und anti-sexuell?

Dies ist auch der Grund, warum die meisten Jugendlichen den Jugendorganisationen der Kommunistischen Partei überhaupt beitreten: um einen Sexualpartner, oder auch zwei oder drei, zu finden.
Die offizielle Moral der Partei lehnt dies ab. Die Folge: Die jungen Leute wandern ab, viele zu den Nazis. Die Partei müßte sich mehr für ihr Privatleben interessieren.

Reich schreibt die Broschüre »Der sexuelle Kampf der Jugend«.
Darin gibt er konkrete Ratschläge zur Masturbation, zum Orgasmus, zur Schwangerschaftsverhütung und behauptet, daß sexuelle Befriedigung ein Hauptziel des Sozialismus sei. Damit bringt er natürlich die Parteifunktionäre gegen sich auf. Irgendwann werden sich auch die Nazis WRs Bücher vornehmen, aber die KPD kommt ihnen darin, eine derartige »Pornographie« aus dem Verkehr zu ziehen, noch zuvor.

UNTERDESSEN...
DIE RÄUME, WO SIE DIE SPORTGERÄTE AUFBEWAHREN, HERR LEHRER?
JA, JA...
KÖNNTEN SIE BITTE AUSGERÄUMT UND MIT DOPPELBETTEN UND SCHLÖSSERN VERSEHEN WERDEN?
REICH!!!
JETZT REICHT ES ABER. DEM MUSS MAN DAS HANDWERK LEGEN.
PARTEIBESCHLUSS
Alle Broschüren Reichs, die durch die Hand der Literaturverteilungsabteilung gehen, sind aus dem Verkehr zu ziehen, weitere Verteilung ist zu unterlassen. Reichs Position steht im Widerspruch zu den Prinzipien revolutionärer Erziehung der Jugend.
Der Generalsekretär

Und die KPD-Experten werden hervorgeholt, um zu beweisen, wie falsch WR gewickelt ist ...

KRITIK Nr. 3

In späteren Jahren wird Reich versuchen, die Bedeutung seiner politischen Arbeit herunterzuspielen.

Einige seiner Jünger – darunter die Herausgeber seines Nachlasses – behaupten gar, er sei nie politisch gewesen. Als ob das ein Stigma wäre!

Reichs späterer Kommunistenhaß (er wird sie Rote Faschisten schimpfen), ist verständlich, bedenkt man, wie er von ihnen behandelt wurde. Aber diese Bitterkeit wird später die große Bedeutung seiner politischen Arbeit überschatten.

Seine Analyse der sozialen und politischen Ereignisse ergibt ein Programm für wirkungsvollere und menschlichere Links-Parteien. Wichtiger (wie wir noch sehen werden) er versteht, warum die Partei, weil sie auf persönliche Bedürfnisse nicht eingehen will, 1933, als sie eine wirkliche Chance zur Macht hat, kaputtgeht...

Reich wird 1933 offiziell aus der KPD ausgeschlossen, er setzt aber seine politische Arbeit in Deutschland fort. Der Rauch vom 28. Februar 1933 hängt in der Luft; nach dem Reichstagsbrand werden Tausende linker Funktionäre festgenommen.

Außerdem ist »Der Sexuelle Kampf der Jugend« ins Visier des »Völkischen Beobachters« der Nazis geraten. Es ist Zeit zu verschwinden ...

Nazi-Studenten verbrennen Bücher.

Wie viele andere hofft er jedoch, daß der Nazi-Spuk schnell vorüber sein wird.

Am 5. März 1933 wird in Deutschland gewählt. Vierzigtausend Arbeiter, viele bewaffnet, warten auf spontane Demonstrationen, die Hitler an der Machtergreifung hindern sollen ... aber

Aber warum sind so viele Millionen Werktätige gegen ihre eigenen Interessen zu Hitler übergelaufen?

Es gibt andere historische und ökonomische Gründe: 1931 zählt Deutschland über 7 Millionen Arbeitslose.

Das Land hat nach der Niederlage im I. Weltkrieg eine Krise nationaler Identität durchgemacht; die demütigenden Reparationszahlungen, die die Siegermächte Deutschland aufgezwungen haben, bereiten den Boden für ein Wiederaufleben des Nationalismus.

Reich, der die Entwicklung von einer anderen Warte mitverfolgen konnte, stellt ein paar seltsame Fragen:

Wieso, kurz gesagt,
rebellieren
die Menschen NICHT?

Aber das ist nicht die ganze Geschichte. Reich ist von den massenpsychologischen Methoden der Nazis zunehmend beeindruckt. Aber seine Warnungen werden von der Kommunistischen Partei, die in Hitler nur den Lakaien des Finanzkapitals sieht, nicht ernst genommen. Sie glaubt, er werde bald von der Bildfläche verschwinden.

Reich erkennt einige progressive Elemente in der ultrareaktionären Ideologie der Faschisten. Das Ergebnis seiner Analyse ist sein wichtigstes Buch, DIE MASSENPSYCHOLOGIE DES FASCHISMUS (1934).

Parteitag der NSDAP in Nürnberg, 1934

Hitlers Herrschaft hat eine Vorgeschichte. In ihr, meint Reich, spitzt sich die jahrhundertelange Unterdrückung durch das Patriarchat zu.

Seine eigenen Fragen beantwortet er so, daß die Massen, die sich GEGEN SICH SELBST wandten, indem sie ihre Feinde an die Macht brachten, IRRATIONAL handelten. (Später glaubt er, daß JEDWEDE Politik irrational ist!)

Das Tollhaus, F. Goya, um 1800

Die stärkste emotionale Waffe der Nazis ist die Angst...

Grauer Tag, G. Grosz

Ihre wirkliche soziale Basis ist das Kleinbürgertum, das seine kleinen Profite zu verlieren und wieder ins wirtschaftliche Elend abzugleiten fürchtet. Das sind keine unrealistischen Ängste in der inflationsgeplagten Weimarer Republik. Hitler muß, um seine Unterstützung zu gewinnen, vorgeben, gegen die Macht des Großkapitals zu sein.

Auch haben Kleinbürger von jeher große Angst vor Unruhen. Reich sieht, daß sie sich mit Autoritäten identifizieren und ohne weiteres die Rolle der Polizei, des Militärs und des Staates akzeptieren. Diese Tradition wird bis heute von den meisten rechten Politikern erkannt und ausgenutzt.

Aber der Haupttrumpf der Hitlerpropaganda ist zweifellos die RASSENTHEORIE. Indem er die Juden zu Kapitalisten und Geldverleihern abstempelt, kanalisiert er die Angst der Menschen vor wirtschaftlichen Entbehrungen. Reichs Verständnis geht tiefer: Die Juden werden auch zum Objekt tiefsitzender sexueller Ängste. Die Rassentheorie wertet das sexuelle und moralische Selbstbild der Deutschen auf, das im Weltkrieg und in der Depression der zwanziger Jahre schwer gelitten hat.

Das Versprechen, die »Reinheit des Blutes« zu erhalten, spielt mit der damals sehr realen Furcht vor der SYPHILIS. Der jüdische Brauch der Beschneidung verstärkt die UNBEWUSSTE KASTRATIONSANGST.

Aber anders als die Linken, die die perversen Naziideologien einfach abtun, versteht Reich, daß die Angst vor der »Verseuchung des Gefühlslebens« keine leere Phantasie ist, sondern sehr real und nicht zu ignorieren. Die Nazis verstehen es meisterhaft, militärische Paraden und Versammlungen zu inszenieren (man betrachte nur die geniale Choreographie der Nürnberger Parteitage).

Der Sport, besonders Fußball, wirkt entpolitisierend, fördert also reaktionäre Neigungen. (Denken wir an englische Fußballplätze am Samstagnachmittag oder an die armen Argentinier, wie sie ihren Weltcup tagelang durch die Straßen trugen und damit der faschistischen Diktatur, die sie gefoltert, ausgeplündert und entmenschlicht hat, den Rücken gestärkt haben.)

Alle diese Dinge – Fußball, Kundgebungen oder Aufmärsche, Begeisterung für alles Heldische und den Führer, »Heil«-Rufe, selbst die Rührseligkeit beim Publikum eines Musicals – sind zwanghafte Notlösungen für fehlendes GESUNDES SEXUALLEBEN.

Der Faschismus ist die emotionale Grundhaltung des autoritär unterdrückten Menschen, der maschinellen Zivilisation und ihrer mechanistisch-mystischen Lebensauffassung.

Der Staat bleibt an der **MACHT**, indem er die "Atrophie des sexuellen Apparates" durch Zwangsmoral und das allezeit hochgehaltene Gut der **SELBSTBEHERRSCHUNG** sicherstellt.

All dies führt zur Bildung einer schützenden Charakterpanzerung, zum Abdrehen des orgastischen Hahns und letztlich zur **UNTERDRÜKKUNG DES WUNSCHES** nach Rebellion.

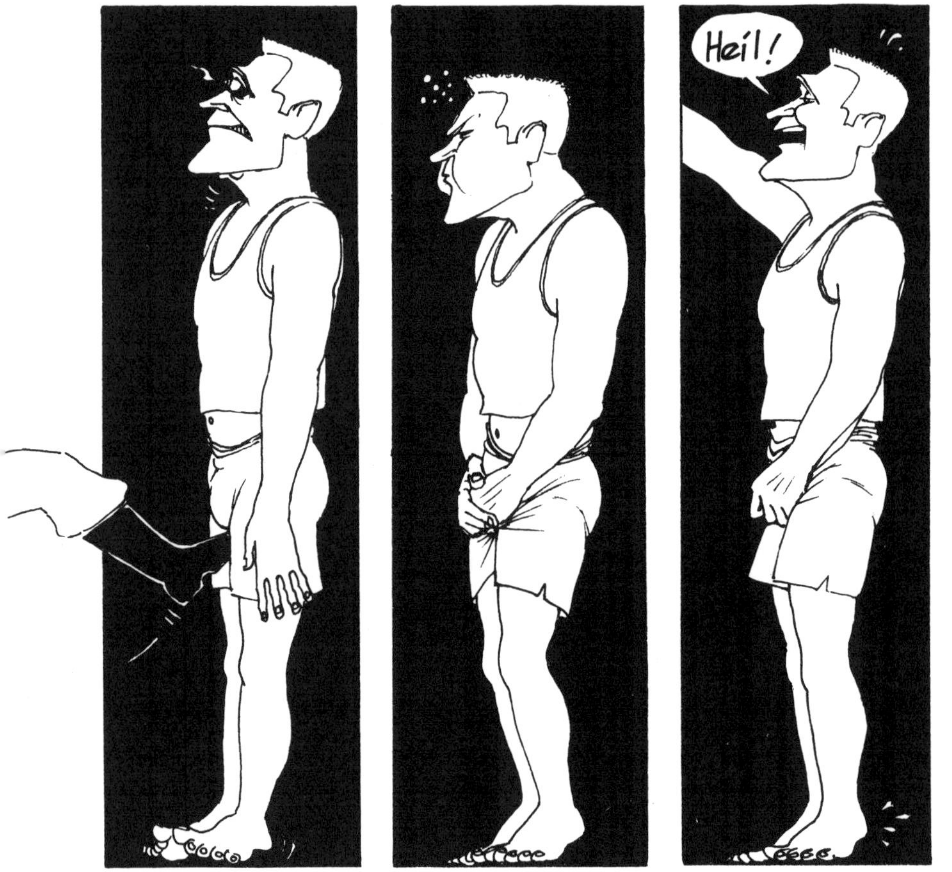

Kurz, macht man dem Menschen Angst vor dem Genitalen, wird er Angst vor der Welt haben. Natürlich beantwortet Reich seine seltsamen Fragen mit seiner Orgasmustheorie. Sexuelle Hemmung und Angst bringe die Menschen dazu, gegen ihre emotionalen Bedürfnisse zu denken und zu handeln.

Aber die Menschen sind nicht so geboren worden. Sie kommen nicht auf die Welt mit dem Wunsch, NICHT frei sein zu wollen.

Wie fängt es an?

Die Faschisten – und WR – wissen, daß autoritäre Verhaltensweisen in der FAMILIE beginnen. Dem Führer zu gehorchen, ihn zu vergöttern, beginnt in Wirklichkeit mit dem Gehorsam, der Vergötterung des Vaters.

Die Nazis rüsten das Leitbild der deutschen Familie auf, verweisen die Frauen auf ihre Rolle als Bruthennen.

Ihre Kinder werden höchstwahrscheinlich Opfer der Ängste ihrer Eltern, und deren Hauptwaffe wird die GENITALE UNTERDRÜCKUNG sein ...

Die Familie ist – wie bereits gesehen – eine »Fabrik für autoritäre Ideologien«.

In seinen ersten vier oder fünf Lebensjahren muß sich das Kind der Gesellschaft anpassen, wie es sie draußen vorfindet.

Jugendliche werden mit Ehepropaganda und der Lüge gefüttert, daß die Sexualität ein Nebenprodukt der Fortpflanzung sei.

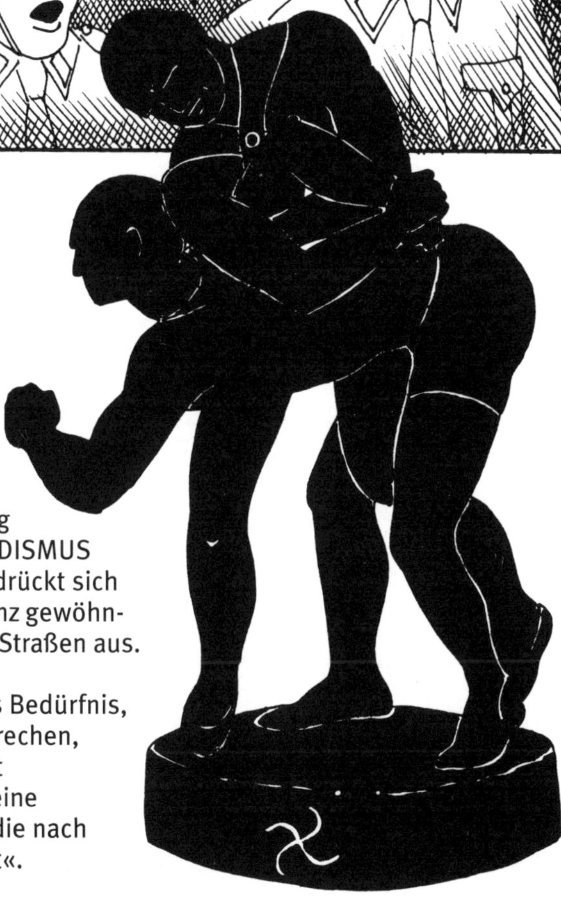

Die Nazis spielen ihr doppeltes Spiel mit der Sexualität sehr gekonnt. Einerseits brandmarken sie die sexuelle Freiheit, andererseits heizen sie zugleich die frustrierten Wünsche der Menschen durch sexuelle Surrogate an. Sexuelle Unterdrückung führt sehr häufig zu SADISMUS und Militarismus oder drückt sich in Kriegsspielen und ganz gewöhnlicher Brutalität auf den Straßen aus.

Aber vor allem wird das Bedürfnis, Autoritäten zu widersprechen, erstickt. Reich entdeckt zu seinem Entsetzen »eine menschliche Struktur, die nach einem FÜHRER hungert«.

Seine Antwort lautet für die breite Masse nicht viel anders als für die individuelle therapeutische Beziehung: »DER MENSCH MUSS DRINGEND ERMUTIGT WERDEN, SEIN EIGENES SCHICKSAL ZU LENKEN.«

Dies bedeutet, in einem langen und harten Prozeß, alle die von der Familie und dem Staat eingeimpften Freiheitskontrollen zu verlernen.

Reich hatte gehofft, daß den Sehnsüchten der Menschen durch die fortschrittliche Kommunistische Partei ECHTER Ausdruck (im Gegensatz zum MYSTIFIZIERTEN der Nazis) verliehen werden könnte.

Als das scheitert, spielt er vorübergehend mit dem Gedanken an eine neue Partei.

Aber schon bald verdammt er die Parteien alle miteinander.

Nun beginnt WRs Exil und die Trennung nicht nur vom Land seiner besten Arbeit, sondern von seinen Freunden, seiner Sprache und irgendwann auch von seinen beiden wichtigsten Interessen: Marxismus und Psychoanalyse.

1934. Hitler ist fest an der Macht.

Selbst viele Kommunisten, darunter paramilitärische Gruppen, schwenken zu Hitler über.

Reich veröffentlicht seine MASSENPSYCHOLOGIE DES FASCHISMUS, um die Gründe dafür aufzuzeigen. Die erste Zeile des Buches:

Die deutsche Arbeiterklasse hat eine schwere Niederlage erlitten...

Aber die Partei und die Komintern leugnen dies, selbst jetzt noch ...

Reich übersiedelt ins schläfrige Dänemark, dem Zufluchtsort für viele Exilanten aus dem blutig unterdrückten Deutschland.

Er will sich als Analytiker niederlassen. Er bittet die Psychoanalytische Vereinigung um Genehmigung.

Er versucht es mit sexualpolitischer Arbeit.

Er will in Dänemark bleiben, aber ...

Die Nazis in Deutschland mögen ihn auch nicht besonders...

Wir wissen, wo dies enden wird:

Reich geht über den Sund nach Malmö in Südschweden.

Dort unterrichtet er eine Gruppe von Studenten in Sexualpolitik und Psychoanalyse.

Aber sogleich beginnt der Tratsch und Klatsch.

Wer ist dieser seltsame Doktor mit seinem SEX-POL?

Das war's mal wieder. 1934 setzt Schweden Reich an die Luft ...

Und das ist nicht alles. Im August 1934 besucht er den Kongreß der Internationalen Psychoanalytischen Vereinigung in Luzern. Die ganze Freud-Mafia ist versammelt.

Jetzt hat er sein zweites Zuhause verloren. Überall ist er in Ungnade gefallen.

Wer würde das nicht? Wohin soll er jetzt? In Deutschland würde man ihn einsperren – oder schlimmer. Auf Österreich, seine Heimat, haben es die Nazis abgesehen, und außerdem ist Wien die Hochburg der Freudianer. Dänemark und Schweden haben ihn rausgeschmissen. Paris interessiert ihn nicht besonders, und London ...

Nein, je weniger man über England sagt, desto besser (obwohl – welches Land auf Erden könnte ihn besser brauchen?)

Im Oktober 1934 (welch ein Jahr!) übersiedelt er nach Oslo. Es wird ihm gelingen, fünf Jahre dort zu bleiben.

1936 gründet er wieder einmal ein Institut, diesmal für SEXUAL-ÖKONOMISCHE BIOFORSCHUNG, um die Sexualenergie zu untersuchen.

WRs politische Arbeit ist fast am Ende. Sein Kontakt zu Außengruppen wurde gekappt. Er arbeitet nur noch wissenschaftlich. Diesen Weg hätte er womöglich ohnehin genommen. Aber mit dem Ausschluß aus der Partei und aus der Internationalen Psychoanalytischen Vereinigung bricht zugleich auch der sozial engagierteste Arbeitsbereich ab. Einer großen Zahl von Menschen konkrete Hilfe bringen zu wollen, wird für Reich von nun an etwas sein, was zur Vergangenheit gehört.

In Norwegen findet er zurück zur Charakteranalyse. Die hat sich aber inzwischen entwickelt zur

VEGETOTHERAPIE

Dies ist der endgültige Bruch mit Freud, denn der Analytiker ist nicht länger nur passiver Beobachter, der Worten und immer wieder nur Worten lauscht. Für Freud, der am Körper des Patienten kein großes Interesse zu haben scheint, ist Patientinnen oder Patienten zu berühren strikt tabu. Nicht so für WR ...

In ihren Anfängen sollte die Charakteranalyse dem Patienten einen objektiven Blick auf seine Panzerung vermitteln, ganz so wie die traditionelle Psychoanalyse den Ursprung eines neurotischen Symptoms durch Assoziationen aufdeckt. Jetzt geht Reich weiter. Er hat es auf die MUSKELN abgesehen.

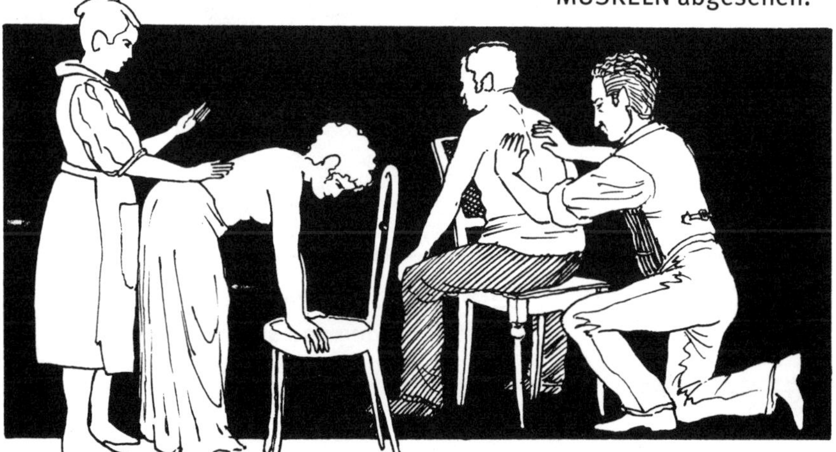

Mit der Vegetotherapie nähert sich Reich der psychosomatischen Medizin. Er hat die Vorstellung, daß Muskelverhärtungen die Geschichte ihrer Entstehung inkorporieren.

Wir haben bereits gesehen, wie die autoritäre Familie dem Kind ihre Verdrängungen aufdrücken kann...

Reich glaubt, daß diese zu Charaktereigenschaften werden und sich in muskulärer Spannung, konkreter: »Charakterpanzerung«, ausdrücken.

Reich kann Verdrängungen daran erkennen, wie jemand sich bewegt, sitzt, spricht usw.

Wir sollten jetzt endlich die verkrampften Muskeln lockern. Aber das heißt den Patienten berühren, vielleicht sogar aggressiv, und sich dafür Aggressionen einzuhandeln ...

WIE FUNKTIONIERT DAS?
Er beginnt damit, die Angst um die Augen herum zu lockern.
Die Lider sind eine Hauptquelle von Spannung.
Er geht weiter zu Mund und Kinn, um Gefühle von Ärger und manchmal auch Abscheu zu lockern.
VIELE MENSCHEN HABEN EINEN MASKENHAFTEN GESICHTSAUSDRUCK. ARBEITEN WIR DARAN.

Reich arbeitet von oben nach unten, denn er glaubt, die Energie fließe entlang der Körperachse auf und ab.

In den Muskelverkrampfungen stauen sich meist Ärger oder Wut.

Verschluckte Tränen, beispielsweise, können Sie leicht an der Bewegung des Adamsapfels erkennen.

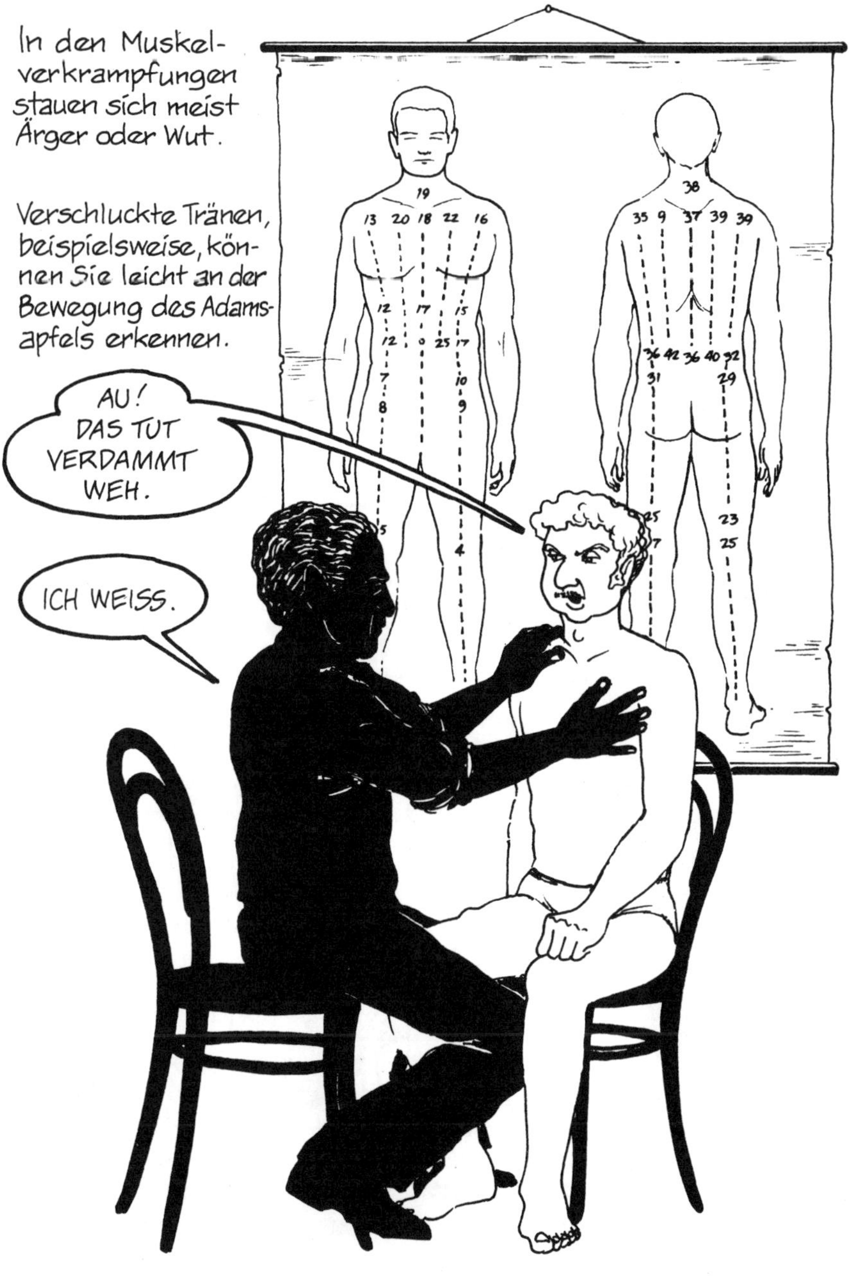

Dann wendet sich Reich der Atemtechnik zu.

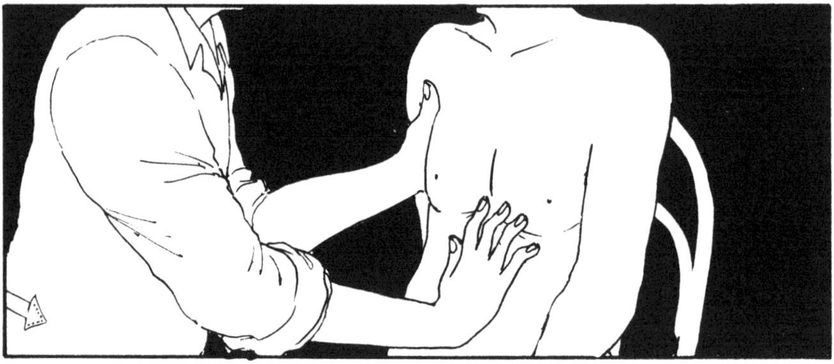

Unsere berühmte **SELBSTBEHERRSCHUNG** wird normalerweise durch Zusammenziehen des Atemapparates in der Brust erreicht. Dies führt auch zur gründlichen Abtötung der Körperlust.

Wohin führt dies alles?
Zur Lende natürlich, dem Kern des Problems. Das Ziel der Vegetotherapie ist ein vitaler, ungehemmter **ORGASMUSREFLEX**.

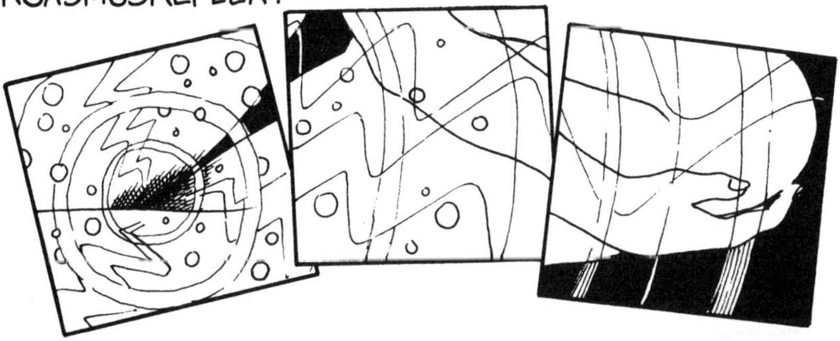

Am Ende der Therapie (kann Jahre dauern) arbeitet Reich am starren Becken, in dem sich viel Ärger und Angst aufstaut.

Wenn volle Atmung erreicht ist, beginnt das Gesäß zu flattern. Die muskuläre **LOCKERUNG** soll den Orgasmus in der Therapie simulieren. Vermutlich werden so die unterdrückten Gefühle herausgelassen.

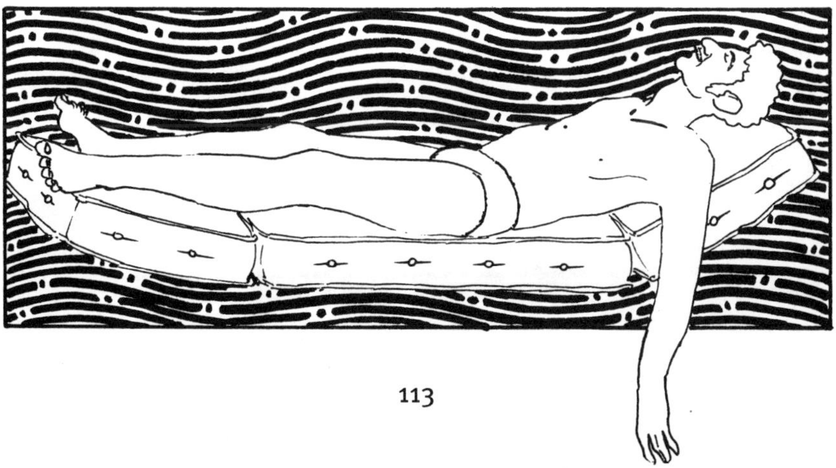

Das ist natürlich die Idealvorstellung. Meistens konzentriert sich Reich auf die Körperteile, die besonders steif sind. Indem er, an dem betreffenden Körperteil arbeitend, dies ständig dem Patienten bewußt macht, lockert sich das Erstarrte. Dies kann – wie in der traditionellen Psychoanalye – von einem Wiedererinnern des Traumas, das zur Starre geführt hat, begleitet werden.

Aber dort macht Reich nicht Halt. Er will tiefer und tiefer in das Problem der Sexualenergie eindringen, von dem er schon immer besessen war.

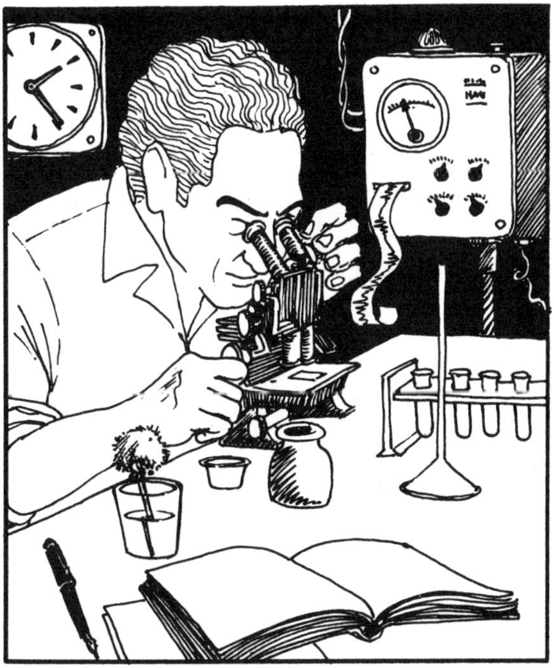

Um alles wirklich WISSENSCHAFTLICH zu beweisen, will er zeigen, daß der Orgasmus etwas MATERIELLES und die Sexualenergie verifizier- und MESSBAR ist.

Veränderungen im elektrischen Potential der Haut, sagt Reich, sind eine Folge von Gefühlen; das nennt er »psychogalvanisches Phänomen« und mißt es.

Aber wie ist sexuelle Lust zu messen?

In Oslo macht er mit Studentinnen und Studenten, Kolleginnen und Kollegen Versuchsreihen ...

Reich folgert, daß die erogenen Zonen – Lippen, Anus, Brustwarzen, Penis, die Schleimhaut der Vagina, Ohrläppchen, Zunge, Handflächen und STIRN – viel stärker reagieren als andere Partien der Haut. Was seine Instrumente zu bestätigen scheinen.

Wobei man nicht einmal direkt miteinander verbunden sein muß. Zum Beispiel:

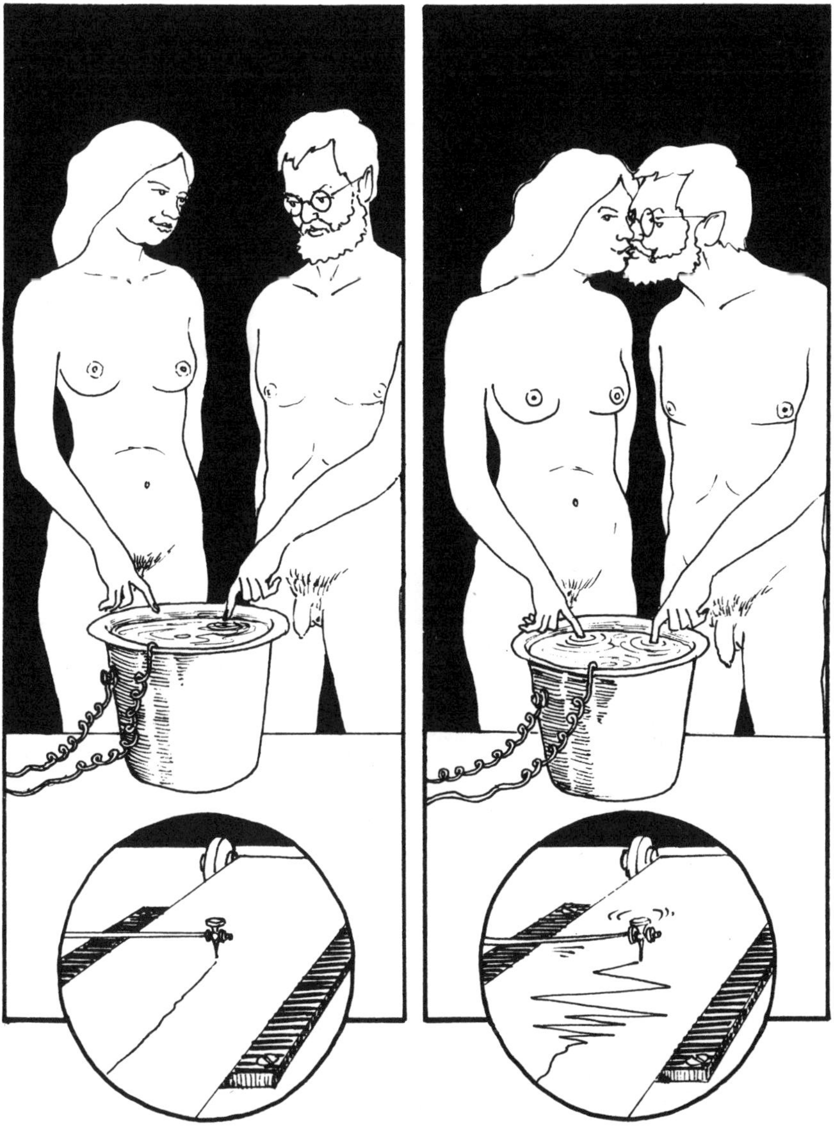

Die Reaktion verstärkt sich natürlich beim Streicheln der Hände und so weiter, vermutlich bis zum ABSOLUTEN HÖHEPUNKT.

Aber wenn die Versuchsperson sich nicht gern berühren läßt, führt das zu einer Verminderung oder UNLUSTREAKTION. Emotional blockierte oder muskulär rigide Personen zeigen eine negative Reaktion.

Alle mit Unlust assoziierten Emotionen wie Schmerz, Furcht, Angst, Depression usw. ...

»werden begleitet von einer Verringerung der Oberflächenspannung des Organismus«. Tod oder Sterben führen zu einer stark verminderten Spannung; schließlich ERLISCHT DIE ENERGIEQUELLE.

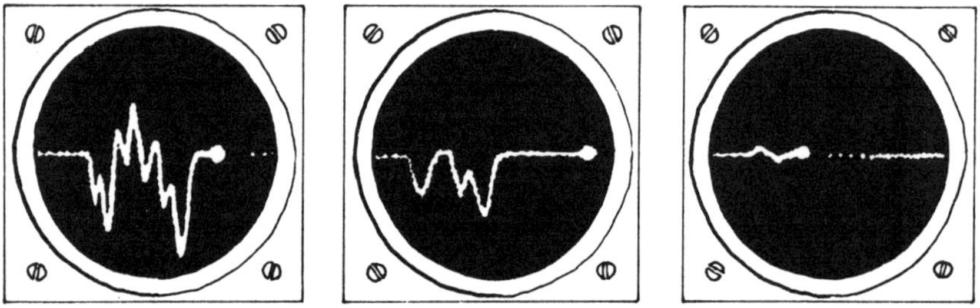

Was bedeutet das alles? Es bedeutet, daß Reich glaubt bewiesen zu haben, daß Freuds LIBIDO Teil eines allgemeinen elektrischen Naturprozesses ist. Der Orgasmus ist zur bioelektrischen Entladung geworden, gefolgt von mechanischer Entspannung im Körper ...

Aber warum dort aufhören? Wenn dies bei
Menschen so ist, warum nicht bei allen Lebewesen?

Aus der Formel, die Reich im Organismus am Werk sieht, leitet er ab, daß die »Lebensfunktion von einem Viertakt bestimmt wird«:

Nun, man kann verstehen, daß sie als Theorie für die Funktion des Orgasmus brauchbar wäre, aber löst sie wirklich das Geheimnis des Lebens? Reich glaubt es.

In seiner Wohnung in Oslo ...

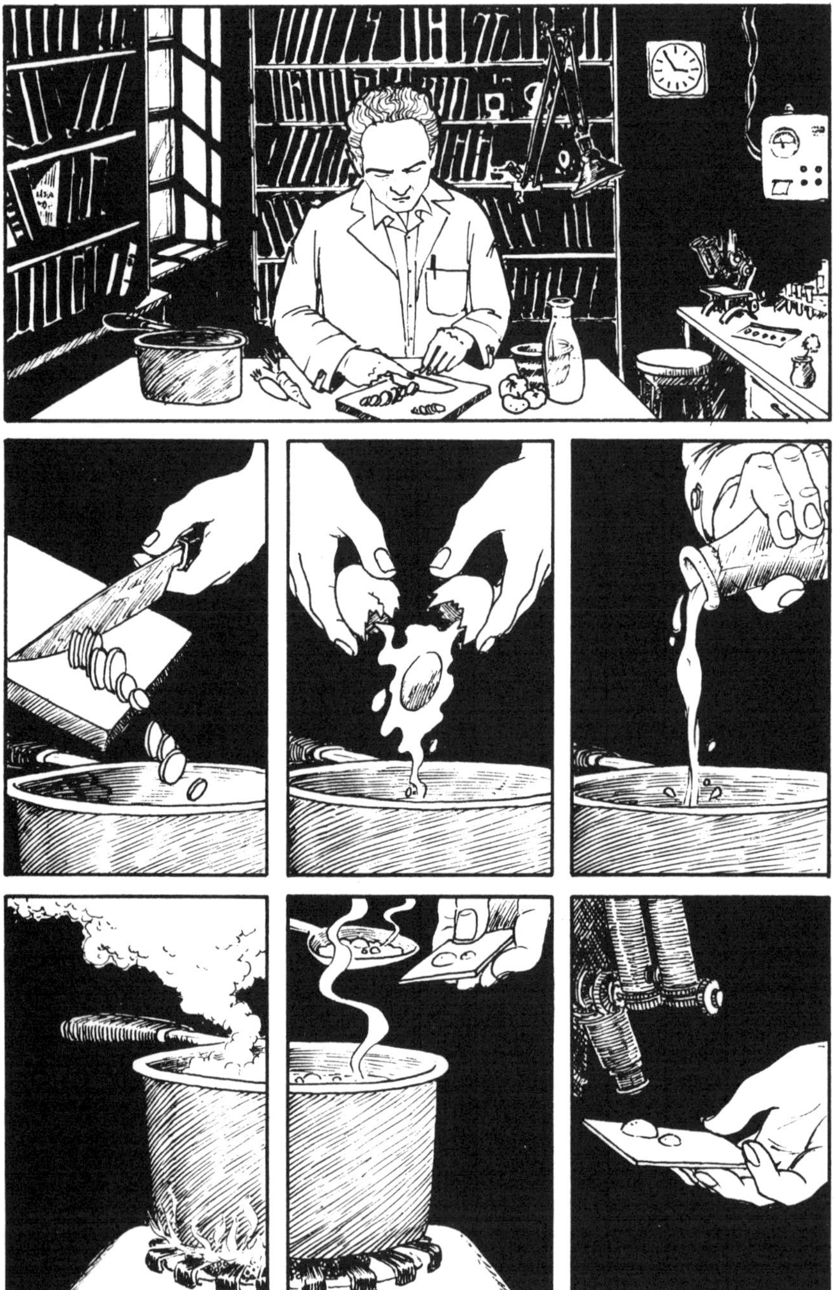

Reich nennt diese Gebilde BIONE. Nach weiteren Untersuchungen behauptet er, daß sie sich in Mikroben verwandeln. Das würde bedeuten, daß aus unbelebter organischer Materie tatsächlich Leben entstehen kann. Die meisten Wissenschaftler halten dies für unmöglich und meinen, daß eine lebende Zelle nur aus anderen Zellen entstehen kann. Unnötig zu sagen, daß Reichs Entdeckungen von der etablierten Wissenschaft nicht ernstgenommen werden. Aber daran ist er inzwischen gewöhnt.

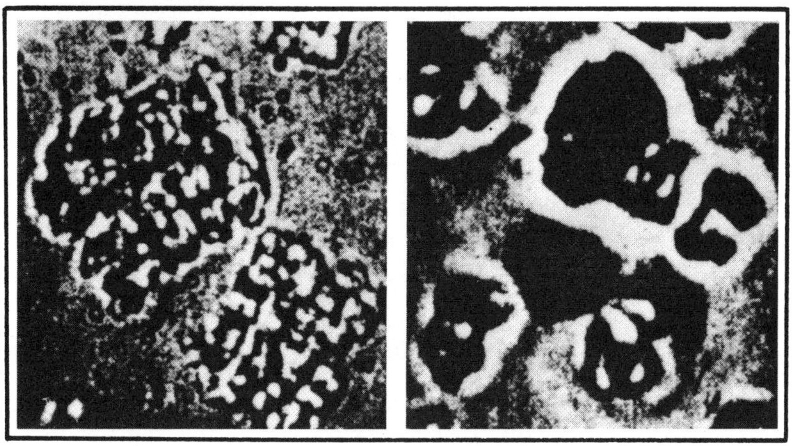

Bion-Bläschen

Jetzt gibt es kein Halten mehr. Er entdeckt, daß BIONE eine Art bläuliche Strahlung abgeben. Er nennt das ORGONOTISCHE ENERGIE und meint, etwas entdeckt zu haben, das die gesamte Biologie aus den Angeln heben wird. Er nennt es LEBENSENERGIE (oder LE, da er inzwischen alles mit den Initialen abkürzt), und genau danach hat er sein Leben lang GESUCHT.

Zeit zu einer weiteren **KRITISCHEN ANMERKUNG**

Dies ist der Punkt, an dem die meisten Kritiker von Reich behaupten, er werde wahnsinnig, selbst die, die meinen, er habe vor 1934 großartige Arbeit geleistet. Und es stimmt, seine Paranoia und Obsessionen nehmen zu. Er verliert schnell Freunde und Kollegen, weil sie mit ihm, apodiktisch und reizbar, wie er ist, nicht arbeiten können.

Etwa um diese Zeit erzählt Reich einigen Freunden einen Traum/Tagtraum: Er reitet als siegreicher Held auf einem Schimmel in Berlin ein, wobei im Hintergrund Ravels Bolero erklingt.

Was geschieht mit WR? Er ist dabei, die **LEBENSQUELLE** zu entdecken und versieht ihre Komponenten mit ausgedachten Namen oder Initialen. Er zieht sich immer weiter von der Welt zurück. Entweder seine Entdeckungen stimmen und 99 Prozent der früheren Wissenschaft ist Schrott, oder WR bereitet seine Wahl auf den Thron Gottes vor.

Jedenfalls haben die Norweger genug von ihm. 1937 beginnt in der Presse eine Verleumdungskampagne gegen Reich, die sich zuspitzt, als er öffentlich über die BIONE spricht.

Das ärztliche Establishment in Norwegen ist alles andere als entzückt, als WR verlauten läßt, er arbeite an einer Krebstherapie.

Mittlerweile ist er Dauerexilant und ein Mann auf der Flucht, der sich selbst immer tiefer in die Märtyrerrolle treibt (und treiben läßt).

Aber er gibt nicht auf. Es steht ihm noch eine »lebensbejahende« Tür offen, wo er seine Arbeit willkommen glaubt. Er hat genug von der erstickenden Atmosphäre Europas ...

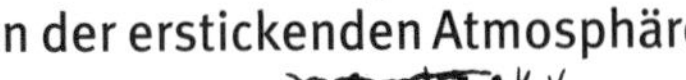

1939, ein paar Tage bevor Hitler
die Alte Welt in den Krieg treibt,
geht Reich in der Neuen Welt an Land.

Amerika ist genau das richtige für ihn.
Reich wird diesen Ort nie mehr verlassen
müssen. Er läßt sich sogar einbürgern und
wird ein fanatischer amerikanischer Patriot.

Er findet genau das richtige Klima für seine Arbeit vor. Selbst konservative Amerikaner sind liberaler und aufgeschlossener als die altbackenen Europäer, denkt er hoffnungsvoll.

Er hat noch nicht gemerkt, daß ihr naives Interesse an seiner Arbeit zu jenem großzügigen Willkommen gehört, das die Amerikaner jedem, auch einem Scharlatan, entgegenzubringen bereit sind, solange er nur mit etwas Neuem aufzuwarten hat. Aber das ist jetzt egal. Nun konfrontiert er seine amerikanischen MitbürgerInnen mit dem ...

Was ist dieses **ORGON** eigentlich?

Das Wort ist eine Kombination von "Organismus" und "Orgasmus", eine Art **ELAN VITAL**, obwohl natürlich konkreter. Es ist die Energie jedes lebenden Organismus, jeder Materie, und es ist die Antriebskraft des **ORGASMUS-REFLEXES**, der für Reich immer der Schlüssel zur **GESUNDHEIT** ist.

Was sind seine Eigenschaften?

Das Orgon ist blau und kann zum Beispiel bei sich paarenden Fröschen beobachtet werden.

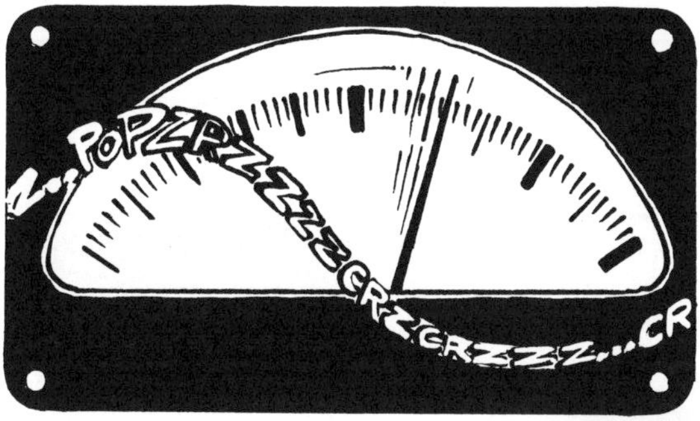

Es kann mit einem Elektroskop, einem Geigerzähler oder einem Orgonenergiefeldmesser gemessen werden.

Es ist **ÜBERALL**, im Raum und im Vakuum.

Schwerkraft, Elektromagnetismus und Licht, alles funktioniert durch das Medium **ORGON**.

ALLE LEBENDE MATERIE ENTSTEHT DURCH DIESE ENERGIE.

Anfangs versteht Reich das Orgon als primordiale Energiequelle des Lebens, aber 1951 kommt er zu dem Schluß, daß **ALLE STOFFLICHKEIT** aus ihr stammt.

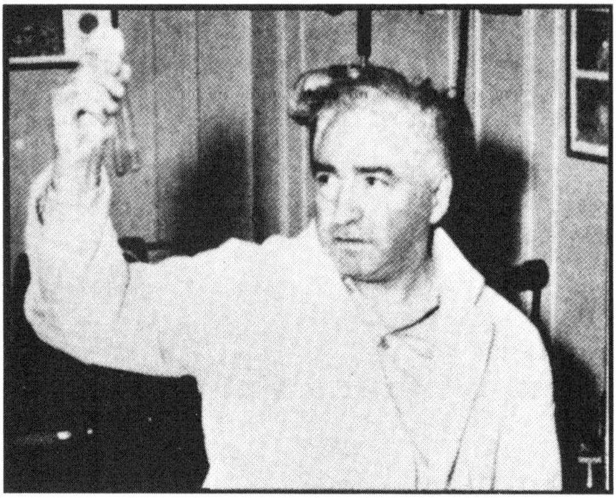

So daß alle Aktivitäten im Raum – Wirbelstürme, Zyklone, Sonnenflecken, selbst Ebbe und Flut und andere Wetterfaktoren – von der "Überlagerung" mehrerer kosmischer Energieströme ausgehen.

Das menschliche Gegenstück ist der Koitus, in dem sich zwei getrennte energetische Systeme "überlagern" (und oft ein drittes erzeugen)!

Kurz, die Orgonenergie ist so ziemlich ALLES.

Die sogenannte Hitzewelle hat nichts mit Hitze zu tun, da schimmert das Orgon. Die atmosphärischen Bewegungen, die die durch ihre Teleskope schauenden Astronomen täuschen, das sind keine atmosphärischen Störungen, das ist das Orgon. Was man »statisch« nennt, hat nichts mit Elektrizität zu tun, es ist das Orgon, das blaue, blaue ORGON ...

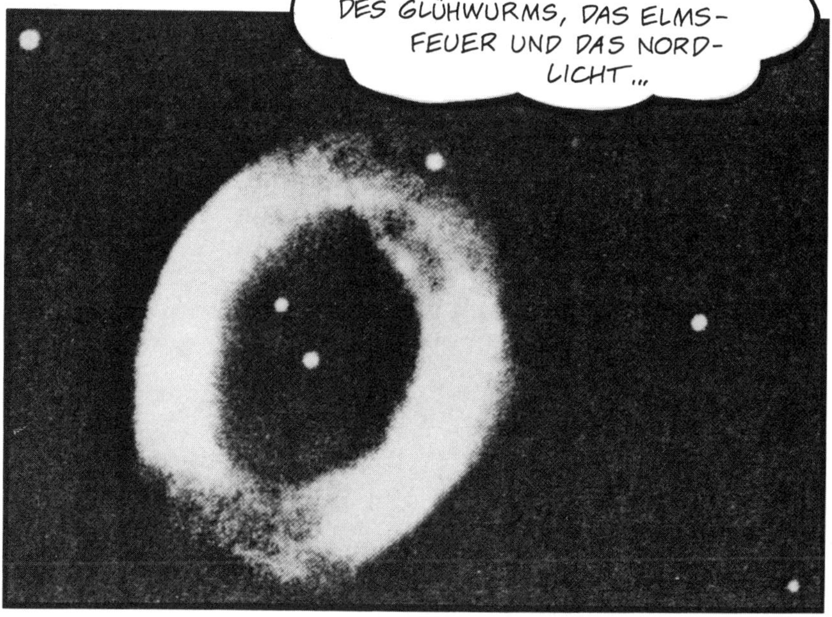

Aber WR befindet sich im Land des Pragmatismus. Ihm genügt es nicht, die Quelle allen Lebens entdeckt und gemessen zu haben, er muß einen Weg finden, sie **SICHTBAR** und **AKTIV** zu machen ...

1940 baut er den ersten **ORGONENERGIE-AKKUMULATOR** (abwertend auch Orgonkiste genannt), eine Konstruktion, von der er glaubt, sie helfe den Menschen, die aber bald zu seinem Untergang führt.

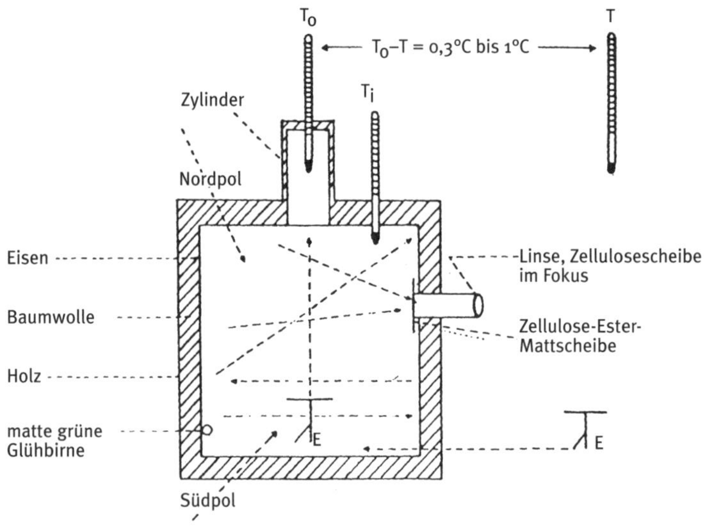

T_0: Temperatur überm Zylinder T_i: Temperatur im Apparat
T: Kontrolle (Raumtemperatur Luft)
E: Elektroskop →: Strahlengang Rauminhalt: 1 Kubikfuß

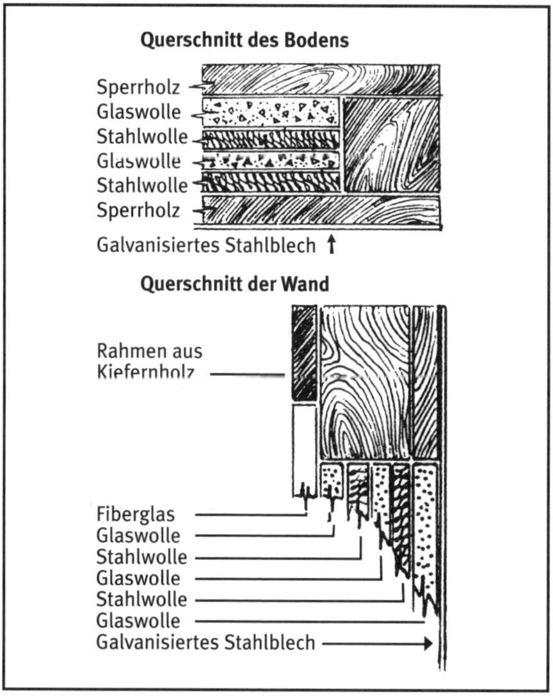

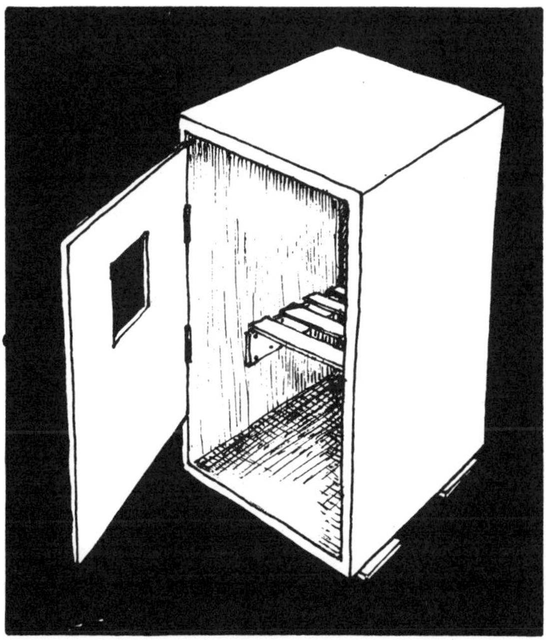

Der Akkumulator ist ein großer Kasten aus organischem Material (Holz usw.) außen und Metallwänden innen.

Organische Materie soll die Orgonenergie absorbieren, während Metall sie anzieht und reflektiert.

Auf diese Weise wird die Energie von den Innenwänden auf den innen sitzenden Patienten gerichtet.

Die konzentrierte Orgonenergie innen beeinflußt die biologische Energie des menschlichen Organismus, stärkt sie dadurch und kontrolliert jede Störung des Energieflusses.

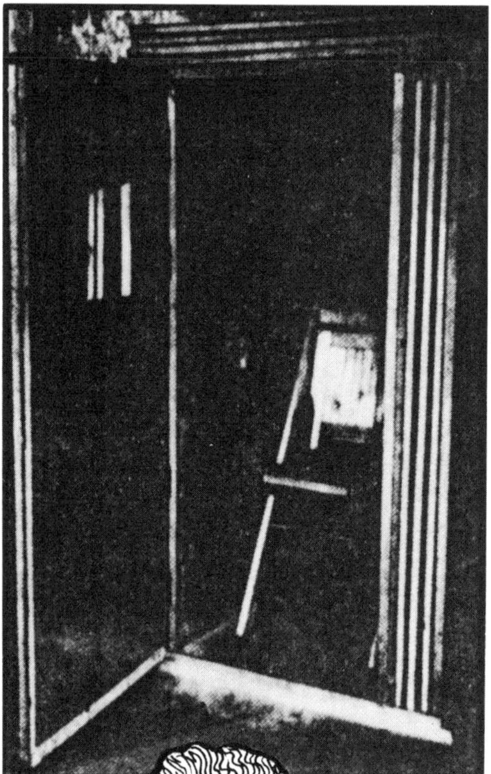

Der Patient sitzt kurze Zeit darin, der Heilungsprozeß beginnt.

Er kann für kleinere Verletzungen oder Verbrennungen, vermutlich für jede Krankheit eingesetzt werden, darunter auch Krebs. Was nicht heißen soll – wie manche sagen werden –, daß Reich behauptet, eine Krebstherapie entdeckt zu haben. Aber viele der von ihm behandelten Patienten sind im Endstadium, und er experimentiert mit ihnen und auch mit verkrebsten Mäusen.

Ende 1940 ist Reich so angetan von seiner Entdeckung, daß er keinen geringeren als Albert Einstein aufsucht...

Reich bekommt keine Unterstützung mehr vom großen Mann.

Späterhin wird er glauben, dies sei Teil einer kommunistischen Verschwörung gegen ihn gewesen.

WR gerät immer tiefer in die Isolation.

In den frühen Vierzigern scharte er, gemäß seinen Gedanken zur ARBEITSDEMOKRATIE, ein kleines Team um sich. Nachdem er sich so übel die Finger an Organisationen verbrannt hat, leuchtet ein solcher Schritt ein; es paßt auch gut zu seiner Grundhaltung, sich die Welt nach seinem eigenen Bild neu zu schaffen.

Er will keine Parteien oder Bürokratien mehr. Seine neue Idee ist folgende: Nur diejenigen sollen die Welt regieren, die produktive Arbeit leisten, jeder auf seinem Gebiet. Die Bauern bestimmen, wie das Land bebaut werden soll, Wissenschaftler kümmern sich um die Wissenschaft, Straßenkehrer entscheiden, wie die Straßen zu säubern sind. Dies ist die einzige Hoffnung, einen dritten Weltkrieg zu verhindern.
Er prägt den Slogan:

UNTERBRECHUNG

Reich wendet sich jetzt nach innen. Die Arbeitsdemokratie ist eine Art Charakterpanzer, die ihn davor schützt, weiterhin von der Außenwelt abgelehnt zu werden. Er nennt sie zwar demokratisch, duldet aber von seinen Kollegen keinerlei Widerspruch. Er gründet auch den WILHELM REICH INFANT TRUST, dessen Hauptziel ist:

Alle seine Dokumente und Papiere sollen nach seinem Tod 50 Jahre lang unzugänglich sein, um sie vor »emotional gestörten Leuten, die meinen Ruf zu zerstören trachten« zu schützen. Um diese Zeit beginnt er, die englischen Übersetzungen aller seiner zwischen 1929 und 1944 entstandenen Bücher zu kontrollieren. Bedauerlich für zukünftige Zeiten ist, daß er sie »durchsieht« und so überarbeitet, daß sie mit seiner Entdeckung des Orgon übereinstimmen.

Reich nimmt nun seine utopischen Visionen mit aufs Land nach Rangeley, Maine.

Er hat schon das Orgone Institute und die Orgone Institute Press gegründet.
Jetzt gründet er ORGONON, hier experimentiert er mit dem Akkumulator, und hier hofft er, irgendwann Forschungskliniken, Kindertagesstätten, Observatorien, Therapiezentren usw. errichten zu können.

WIR SCHREIBEN 1947

Dies ist das Jahr, in dem die USA verrückt zu spielen beginnen.

UNTER JEDEM BETT LIEGEN ROTE UND HINTER JEDEM ROTEN STEHT DAS FBI.

Die Amerikaner meinen nunmehr, die Sowjetunion sei schon immer ihr Feind gewesen und der gemeinsame Kampf mit der Roten Armee gegen Hitler sei nur ein kurzes Zweckbündnis gewesen. Und die Roten scheinen die US-Regierung infiltriert zu haben, Spitzenstellungen und Regierungsjobs übernommen und sogar ihre A-BOMBEN-STAATSGEHEIMNISSE AUSBALDOWERT zu haben!

Viele Politiker stoßen sich an dieser Art Verschwörungstheorie gesund, der berühmteste unter ihnen ist Senator ←**JOE McCARTHY** mit seiner Wäscheliste voller "Agenten"-Namen und ein junger Abgeordneter aus Kalifornien, **RICHARD NIXON**, der zu Ruhm kommt,

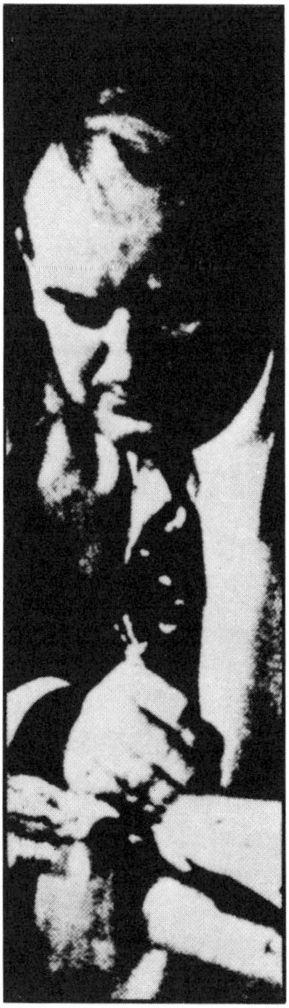

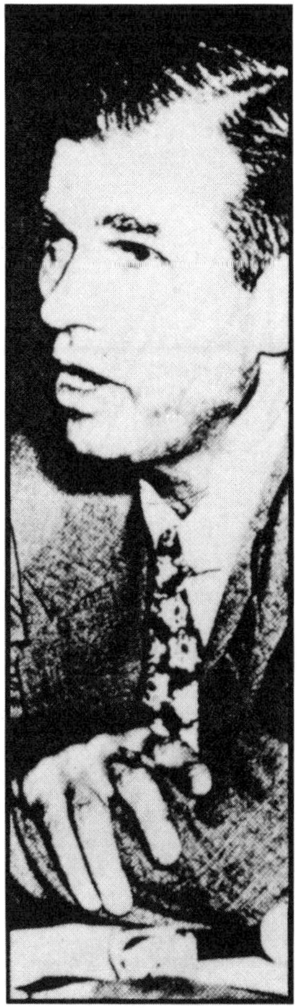

als er einen Ex-Staatsministerialbeamten, **ALGER HISS**, vor → Gericht und schließlich ins Gefängnis bringt.

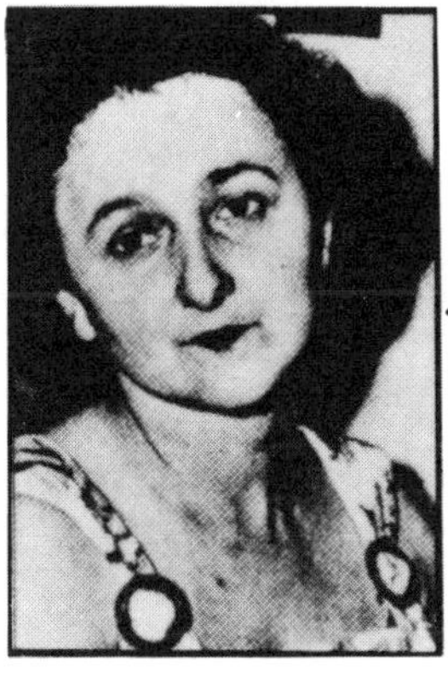

Die sogenannten "Atomspione" ←**ETHEL** und **JULIUS ROSENBERG** werden festgenommen und später auf dem elektrischen Stuhl geröstet.

Die USA sind dabei, Wasserstoffbomben herzustellen, und ein Kriegsgeneral, der kaum das Wort "nuklear" aussprechen kann, soll Präsident werden.

Ein geharnischter Kommunismus-Renegat wie Reich kann jetzt gar nicht anders, als kräftig in die Schmähungen gegen "Rote Faschisten", KP-Handlanger und "Chinesische Rote Teufel" einzustimmen.

Er schlägt sogar eine Umbenennung des berüchtigten Komitees für Antiamerikanische Umtriebe in "Kongreßkomitee zum Schutze der Bildung einer Selbstregierung" vor.

Was WR noch nicht begreift, ist, daß er mit seinem österreichischen Akzent und seinen in den Bergen von Maine verborgenen Orgonen in dieser Zeit nationaler Paranoia ebenfalls nur ein verdächtiges Subjekt sein kann.

Schließlich in Orgonon...

Die schlechte Presse geht wieder los.

Zehn Jahre haben sie ihn in Ruhe gelassen, aber jetzt haben zwei liberale Illustrierte, Harpers und New Republic, Sensationsartikel veröffentlicht, in denen sie behaupten, der Akkumulator werde als Allheilmittel gegen Krebs und als Potenzmittel angepriesen.

Das ist nicht das letzte, was er von den FDA-Handlangern hören wird...

Jetzt ist er von einer gegen die Orgonomie gerichteten Verschwörung überzeugt. Dies treibt ihn immer tiefer in die Arbeit, in der er nicht nur Trost findet, sondern auch sein Selbstbild stärken kann. Orgonomie mag oder mag nicht auf wissenschaftlich verifizierbaren Prinzipien beruhen, jedenfalls verwandelt sie sich sehr schnell in eine persönliche THEOLOGIE, mit WR im Mittelpunkt ...

Wie jede Religion bietet die Orgonomie ein universelles, in sich stimmiges System. Alles paßt hinein. WR kann alles beweisen, woran er glaubt.

Er unterscheidet die Orgonomie von der traditionellen Wissenschaft insofern, als er meint, der Raum sei nicht statisch und leer, sondern mit einem bewegten Äther erfüllt. Er wagt sich weit vor, vor allem weit weg vom menschlichen Organismus (er hat es satt, Neurotiker zu behandeln), hinaus ins Freie und hinauf in die Sphären.

WR rüstet Orgonon jetzt mit einem Hochleistungsteleskop aus und macht noch einige weitere sensationelle Entdeckungen:

1. Die Spirale, die man im Nordlicht findet, wird mit zwei "überlagerten" Orgonströmen erklärt, die einen **KOSMISCHEN ORGASMUS** bilden.

2. Eine Schwerkraft des Universums, wie die Wissenschaft sie bisher verstanden hat, existiert nicht. Sterne, Sonne und alle Planeten "fließen" auf einem "Ozean" von Orgon.

Wenn das Theologie ist, wo ist dann Gott?

Nun, WR, einst Atheist und engagierter Antimystiker, hat entdeckt, daß das, was wir "Gott" nennen und was die Altvorderen "Äther" nannten, dasselbe wie Orgon ist. "Gott" ist die Wirkung dessen, wie der Mensch den kosmischen Orgonozean empfindet...

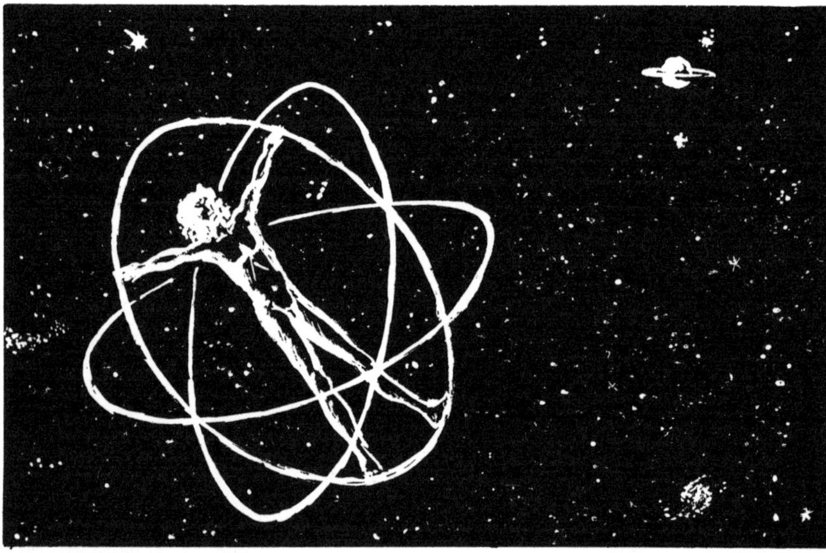

Reich schreibt sein Buch **DER CHRISTUSMORD**. Christus' Heilkräfte kommen aus seinem starken Energiefeld, das das in Fäulnis übergehende Energiefeld von Kranken anregt. Aber an Charakterpanzerung kranke Menschen können die lebensbejahende Natur eines liebenden, orgasmisch gesunden Wesens wie Christus nicht ertragen und müssen ihn deshalb, in jeder Generation und in jeder Lebensphase aufs neue, ermorden.

Kinder spielen weiterhin eine große Rolle in WRs Zukunftshoffnungen. 1942 und 1952 schickt er dem US-Kongreß »Vorschläge über notwendige Gesetze zum Schutz des neugeborenen Lebens und der Wahrheit«.

Seine Gesetze sollen außerdem »biopathische Individuen«, die ihren Kindern die Wahrheit vorenthalten, strafrechtlich VERFOLGEN. In seinen letzten Jahren setzt er die Kinder hoch neben den himmlischen Thron (vielleicht zu seiner Rechten) und widmet seine Bücher den KINDERN DER ZUKUNFT.

In dieser theologischen Vision muß es auch eine Quelle des Bösen geben. Sie gibt es, und sie heißt die EMOTIONALE PEST oder kurz E.P. Sie ist das genaue Gegenteil vom lebensbejahenden Verhalten (wie dem von Christus) und trägt alle Züge des Irrationalen. Vor langer Zeit hätte Reich sie Charakterpanzerung genannt. Aber jetzt bekämpft er sie, nicht als neurotisches Symptom eines bestimmten Kranken, sondern als Krankheit, die das ganze Leben verseucht.

F. Goya, Der Schlaf der Vernunft gebiert Ungeheuer

Es wird für Reich und viele seiner ihm blind ergebenen Jünger das Stigma, das sie ihren Feinden anheften.

Die emotionale Pest ist verantwortlich für die emotionale Wüste, zu der das Leben auf Erden geworden ist. Sexuelle Unterdrückung hat uns steril gemacht. Wir leiden an einer Verödung der Emotionen.

Aber diese »Wüstenei« ist nicht nur eine Metapher.
Um sich herum sieht Reich die Landschaft verdorren, Bäume absterben, Gestein »schwarz werden«, Verwüstung überall ...

Reich, der jetzt von sich selbst als Silent Observer (= SO = Stiller Beobachter) spricht, erkennt dies als Deadly Orgon (= DOR = Tödliches Orgon) und nimmt den Kampf dagegen auf...

Er versucht sogar, Freuds Todestrieb (ohne den Trieb) als Wahrnehmung von DOR zu erklären.

Aber jetzt sind es nicht mehr nur Eros und Thanatos, die um die menschliche Seele streiten. Es ist ein kosmischer Krieg, der im Weltraum zwischen OR und DOR tobt...

Im März 1952 hängen DOR-Wolken über Orgonon. Sie kommen von Westen und verursachen »Stille« und »Öde« über dem Gebiet. Alle Lebenslaute ersterben. Die Vögel hören auf zu singen und verstecken sich in den Bäumen, die Frösche hören auf zu quaken. Die Blätter fallen von den Zweigen.

Ist Orgonenergie die Triebkraft des Orgasmus, also der Gesundheit, dann ist DOR die zerstörerische Energie, die Sexualität unterdrückt, also Krankheit hervorruft. Aber WR schätzt DOR als nicht so mächtig ein wie OR, so daß es mit der Zeit aus dem Universum vertrieben werden kann. Darum erfindet er den CLOUDBUSTER.

Aber ja. Eine Gruppe von Rohren auf einer Scheibe, die in jede Richtung gedreht werden kann.

Die Rohre sind mit Kabeln verbunden, die in fließendem Wasser stehen.

Diese Rohre sollen das DOR aus den Wolken ziehen.

Das Wasser wiederum zieht das DOR aus den Rohren und neutralisiert es.

Stellen Sie sich einfach einen Blitzableiter vor, und es wird Ihnen klarer – freilich kein Blitzableiter für Elektrizität, sondern für Orgon.

Er kann, wenn mit den Rohren längere Zeit in eine bestimmte Richtung gezielt wird, dort die Orgonkonzentration beeinflussen, Wolken machen oder auflösen.

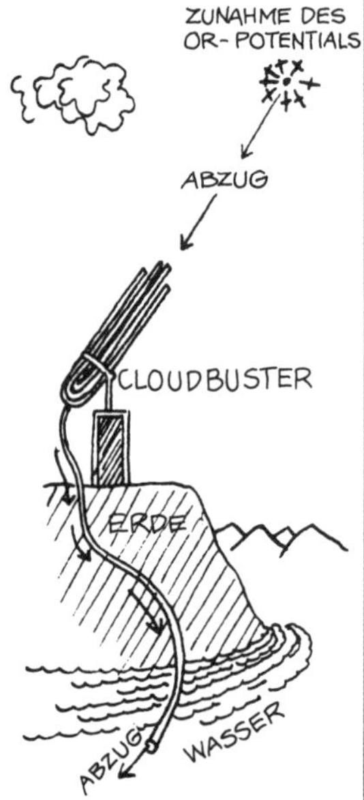

Tatsächlich reinigt es die Luft. Dieser Prozeß nennt sich Cosmic Orgone Engineering (= CORE = Kosmische Orgontechnik).

Wenn nun die Erde eine "Wüste" geworden und der Cloudbuster eine Wünschelrute für den Himmel ist, dann kann er sicher auch Regen machen …

1954 macht Reich eine Expedition in ein Wüstengebiet in Arizona; das Unternehmen nennt er **OROP** Wüste (= Orgonenergie-Operation in der Wüste)

Es gibt absolut keinen Grund, warum es regnen sollte, aber ...

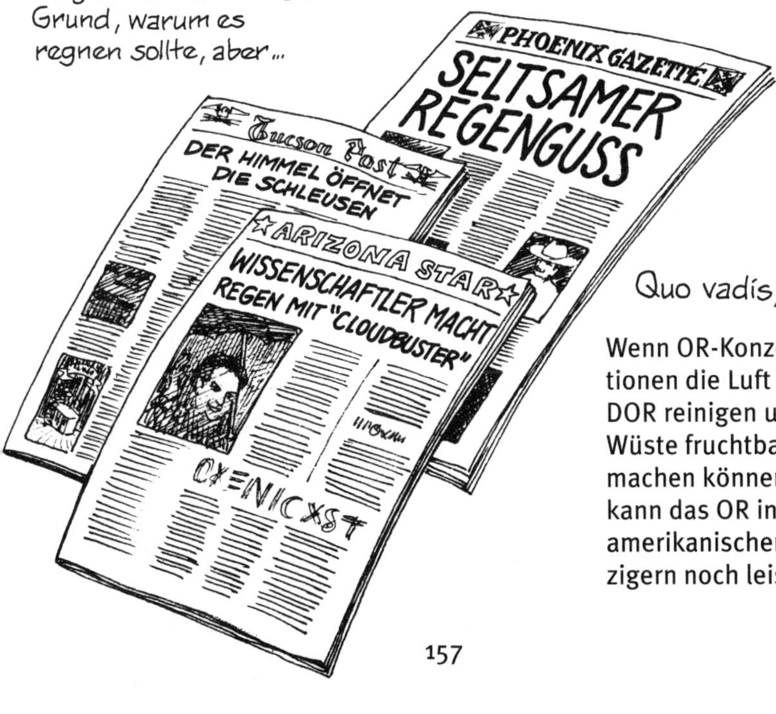

Quo vadis, WR?

Wenn OR-Konzentrationen die Luft von DOR reinigen und die Wüste fruchtbar machen können, was kann das OR in diesen amerikanischen Fünfzigern noch leisten?

Nun, es kann **(UND SOLLTE)** eingesetzt werden, um die wachsende Bedrohung durch **ATOMENERGIE** zu bekämpfen.

Die US-Regierung hat bereits ihre Atombomben auf Hiroshima und Nagasaki werfen lassen, eine Wasserstoffbombe entwickelt und testet jetzt ihre neuen Spielzeuge – wo? In der amerikanischen Wüste …

Aber die Nuklearenergie paßt nicht ganz in die Orgonkosmologie.

Reich läßt sie als einzige Energiequelle außerhalb des Systems zu und nimmt deshalb den Kampf mit **OR** um die Herrschaft des Universums auf.

DOR = Nuklearenergie

Durch **ORANUR** hofft Reich, Strahlenkrankheiten mit dem Orgonakkumulator zu heilen, was zu nichts geringerem als der... **IMMUNISIERUNG** der gesamten Menschheit gegen radioaktiven Niederschlag führen soll!
Aber die Orgonenergie läuft "Amok": Die schädliche Wirkung radioaktiver Strahlung potenziert sich plötzlich...

Aber nicht ehe er beschlossen hat, daß es sich bei dem, was man bisher als Erkrankung des menschlichen Gewebes durch nukleare Strahlung verstanden hat, UM ETWAS GANZ ANDERES HANDELT. Was ist es dann?

Man sollte meinen, das schreckliche Desaster des Oranur-Experiments würde den ausufernden Visionen unseres Helden einen Dämpfer versetzen. Aber nein. Schließlich müssen die ausgeprägten Konzentrationen von DOR in der Atmosphäre eine Erklärung finden, besonders in einem Universum, um dessen Aufteilung Freund und Feind so zäh und heftig miteinander ringen.

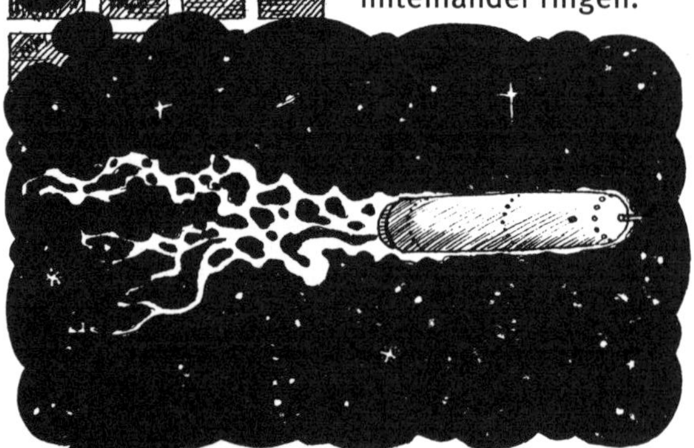

Reich ist jetzt überzeugt, daß UFOs (oder EAs, wie er sie nennt) vom Orgon angetrieben werden und daß DOR das ABGAS dieser MASCHINEN ist.

Die Erde werde aus dem Weltraum angegriffen, und Raumschiffe seien in der Nähe von Orgonon gelandet.

Wenn er einen Weg fände, den Cloudbuster als Raumwaffe einzusetzen, könnte er Kontakt zu ihnen aufnehmen.

Wer sind die **GUTEN** in diesem Kintopp?

Später werden noch die CORE-Männer aus dem Weltraum kommen, um DOR und emotionale Pest zu bekämpfen. Reich wird behaupten, einer von ihnen sei sein Vater, der sich mit seiner weltlichen Mutter gepaart hat.

* HIGs = Hoodlums In Government
= Gangster der Regierung

Wir **REKAPITULIEREN**:

WR, alias **SO**, nimmt, als er **OR** entdeckt, den Kampf gegen **EP** auf, nur um herauszufinden, daß die **EAs** das **LE** mit **DOR** in Zusammenarbeit mit den **HIGs** bedrohen, und wartet auf die **COREs**, um die Lage zu retten!

Wiederauftritt der **FDA**.

In Reichs Privatsprache, sie haben in den "Büschen" gelauert, während er auf der "Wiese" stand.

Wie auch immer, jedenfalls wollen sie ihn hopsnehmen ...

1954 erlassen sie eine gerichtliche Verfügung gegen ihn mit dem Vorwurf, mit seinen Akkumulatoren über die inner-US-amerikanischen Staatsgrenzen hinaus Handel getrieben zu haben.

WR fühlt sich über die Gerichtsladung erhaben und erscheint nicht zum Termin.

Reich fügt sich dieser Anordnung nicht, und 1955 wird Klage wegen Mißachtung des Gerichts gegen ihn erhoben. Diesmal setzt er sich selbst zum Anwalt der Entdeckung der Lebensenergie ein …

Und am 23. August 1956, dreiundzwanzig Jahre nach den Bücherverbrennungen der Nazis, legt die US-Regierung das zweite Streichholz an Reichs Worte. In der Gansevoort-Verbrennungsanlage in New York wird alles Material über den Akkumulator verbrannt.

Außerdem verbrannt werden: CHRISTUSMORD, MENSCHEN IM STAAT, DIE KOSMISCHE ÜBERLAGERUNG, ÄTHER, GOTT UND TEUFEL, in denen der Akkumulator gar nicht vorkommt ...

WR fühlt sich im Gefängnis als Märtyrer und als Nachfolger von Sokrates, Christus, Bruno, Ghandi, Luther.
Er wartet auf seine "Beschützer", Spitzenbeamte der US-Regierung, die ihn befreien werden.
Anderenfalls werden ihn die CORE-Leute rausholen müssen.
Er arbeitet in der Gefängnisbücherei in Lewisburg, Pennsylvania.

Am
3. November
1957,
immer noch
in Haft,
wird WR von
seinem Herzen
attackiert.
Er wird
in jenem
Mausoleum
in Orgonon
beigesetzt,
das er dort
eigens
für sich
errichten
ließ.

Dieses Buch wurde gedruckt
auf Recyclingpapier. Es besteht aus 60 % bedrucktem
Altpapier und 40 % unbedrucktem Altpapier.

Das Vorsatzpapier besteht
aus 80 % nichtdeinktem Altpapier.
Das Überzugspapier ist aus 100 % Recyclingpapier.
Der Karton des Einbands ist aus 100 % Altpapier.

Das Kapitalband und das Leseband
sind aus 100 % ungefärbter und
ungebleichter Baumwolle.